U0622268

Stylish Academic Writing

优美的学术写作

[美] 海伦·索德
Helen Sword 著

许楠 译

新华出版社

图书在版编目（CIP）数据

优美的学术写作 / (美)海伦·索德著；许楠译 .
-- 北京：新华出版社 , 2019.9
书名原文：Stylish Academic Writing
ISBN 978-7-5166-4853-7

Ⅰ.①优… Ⅱ.①海… ②许… Ⅲ.①论文—写作 Ⅳ.① H052
中国版本图书馆 CIP 数据核字（2019）第 252546 号
著作权合同登记号：01-2021-5250

STYLISH ACADEMIC WRITING by Helen Sword
Copyright © 2012 by Helen Sword
Published by arrangement with Harvard University Press
through Bardon-Chinese Media Agency
Simplified Chinese translation copyright © 2024 by Xinhua Publishing House
ALL RIGHTS RESERVED

优美的学术写作

作者：[美] 海伦·索德　　　　　　译者：许　楠
出版发行：新华出版社有限责任公司
　　　　（北京市石景山区京原路 8 号　邮编：100040）
印刷：河北鑫兆源印刷有限公司

成品尺寸：148mm×210mm 1/32　　印张：8　　字数：145 千字
版次：2024 年 4 月第 1 版　　　　印次：2024 年 4 月第 1 次印刷
书号：ISBN 978-7-5166-4853-7　　定价：52.00 元

版权所有·侵权必究
如有印刷、装订问题，本公司负责调换。

微店

视频号小店

抖店

京东旗舰店

请加我的企业微信

微信公众号

喜马拉雅

小红书

淘宝旗舰店

扫码添加专属客服

序　言

　　在许多学者看来，"优美的学术写作"——往最好的情况说，是一种自相矛盾的表达；往最坏的情况看，是一件非常冒险的事情。有学者会问，我们为什么要用不必要的、华丽的辞藻来修饰我们的研究呢？对文风的公然青睐，岂不表明我们思想肤浅、重形式而轻内容？而且，如果学术著述刻意追求吸引和取悦读者，而不是仅仅为读者提供信息，同行们难道不会认为我们不够严肃而加以排斥吗？

　　在本书中，我的观点是，优雅的思想应该优雅地表达；只有在勇于尝试而非墨守成规的氛围中，思想创新才能蓬勃发展；而且，即使在学科规范的约束下，大多数学者也拥有远比他们所意识到的更广泛的写作风格的选择。坦率地说，我的议题是变革性的：我力图发起一场文体革命，它最终将改善所有人的阅读体验和阅读环境。尤其是，我希望增强我的同行的自主权，因为他们已经相信自己"不被允许"（我一次又一次地听到这个咒语）以某种方式写作。但有很多不同学科的学者扩展、打破了他们所在学科的写作模式，并且获得了成功，不仅在备受尊重的同行评议期刊上发表文章，在享有盛名的出版社出版著作，而且因为其思想的严谨和才华的出众而受到同行的称赞。本书就将展示他们在这方面的工作成果。

我绝不是要兜售通用的、放之四海而皆准的建议，而是鼓励读者选用最适合自己的写作策略，就像选择最适合自己皮肤的化妆品一样。优美的学术写作可以是严肃认真的、饶有风趣的，坦率直接的、充满诗意的，朴实无华的、华丽炫目的，独特而富有个性的、客观公正的，或者是兼而有之的。我在书中简要介绍了不同的作者，他们的共同之处在于既致力于追求**思想传达**（communication）、**技巧**（craft）和**创新性**（creativity）的理想境界，又非常谨慎地力求让自己学科内外的受过良好教育的读者更容易理解他们的著述，他们认真思考如何写和写什么，抵制思想上的墨守成规、随波逐流。最重要的是，他们绝不做"在黑暗中穿衣"这种愚蠢的事。

目 录
CONTENTS

第一部分

风格和内容

第一章　写作的规则

　　信手拈来一本关于高效写作的指南，翻翻看，你会发现什么？它很可能是威廉·斯特伦克（William Strunk）和E.B.怀特（E.B.White）在一个多世纪前所著的经典著作《风格的要素》（*The Elements of Style*）所提供的建议的某个翻版：总是使用清晰、准确的语言，即使在表述复杂观念的时候；通过例子、插图和趣闻轶事来吸引读者；避免晦涩的专业术语；变换用词、改变句子长短和引用格式；尽量选择主动语态和具体名词；以坚定的信念、饱满的热情和非凡的气魄进行写作。

　　再随意抄起一本任一学术领域的同行评议期刊，你又会发现什么？文章是不是缺少情趣、枯燥乏味，充斥着专业术语，语言抽象？这样的文风忽视甚至违背了上面列举的大部分建议。在大多数读者公认的好文章与学者通常撰写发表的作品之间存在着巨大的差距。我所说的差距不是体现在期刊编辑提出的各种强制性的形式约束方面（文章长度、引用格式等），而是指更深层、更隐蔽的某种千篇一律、不着边际的故弄玄虚和行文的转弯抹角（换句话说，爱用大词，句子乏味）。E. B. 怀特，这位伟大的文体大师，借他笔下的角色蜘蛛夏洛特解释了从苍蝇身上吮吸血液的精妙艺术。

> "首先，"夏洛特说，"我向他悄悄靠过去。"她头朝前向苍蝇扑下去……"接着，我要把他包起来。"她抓住苍蝇，往他身上缠了几道黑丝线，一圈一圈的丝线越绕越密，直到裹得苍蝇一动也不能动……"现在我要把他弄晕，这样他就会觉得舒服点儿了。"她咬了苍蝇一口。"他现在毫无知觉了。"

用"读者"替换那只苍蝇，用"学术写作风格"替换那些丝线，你就能相当准确地了解学术写作者是如何才能让他们的"猎物"——读者动心的。

几年前，我受邀去给一群来自不同学科的教师讲一堂高等教育教学法的课，那时我动了写作这本书的念头。搜罗相关的阅读材料时，我很快发现，高等教育研究期刊上充斥着一种风格的文章，作为受过训练的文学学者，我觉得这些文章几乎不堪卒读。起初，我把这种情况归咎于自己对这一领域的无知和缺乏背景知识。但是，来参加我的课程的学者来自计算机科学、工程学、美术、历史、法律、医学、音乐和人口健康学等诸多不同学科。很快，他们证实了这种令我疑惑的感觉，坦率地说，大部分可以查阅到的关于高等教育教学的文章都写得非常糟糕。我们没有从这些文章中收获新的见解，而是发现自己在费力地试图理解这样的句子：

> 在这项研究中，我试图确定并分析利益相关方关于成员资格话题的基本理念，这些理念可以在关于是否向无证移民分配州内学费福利的规范性争论中加以考虑。

或者这样的句子：

> 本文通过符号互动主义的视角，分析了作为专业学术管理人员为维护其独特身份而进行的"身份工作"。

又或者这样的句子（讽刺的是，这个句子选自一篇关于如何提高学术写作的文章）：

　　目前人们对文本在知识生产和学生学习中的中心地位的理解与以效率和能力建设为名的政策要求解决的实际问题之间，鲜见有效的概念性联系。

　　每一次我都发现，我的求知欲被无谓的教育学的术语和迂回曲折的句式所挫败。

　　我开始感到疑惑，是高等教育期刊独享索然无趣之文章，还是这些文章只不过是所有学术文章的巨大冰山之一角？无须久等，答案就得到了确认：在所有学术领域同行评审的重要期刊中，不难发现与此类似的晦涩难懂、庞杂冗长的句子——不仅在社会科学领域，而且在各种人文学科，如历史、哲学，甚至我所在的文学研究等学科领域，而这些学科中的学者无不为自己驾驭语言的能力而洋洋自得。我不禁问自己：这到底是怎么回事？难道学者都受过严格的训练来撰写抽象、费解的句子？难道有一本指导毕业生学习写作的指南，上面写着"不准写得清晰，也不准写得简洁"？或者"你的文章不得有个性化的表达或给人带来快乐"？又或者"不准展现思想或表达不能具有独创性"？我的同行真的喜欢阅读这种东西吗？

　　在所有学科中，关于学术话语的研究性文章已经是蔚为大观，其中以学者的著述居多。然而，值得注意的是，这些研究中的大多数都是在复制，而不是在创新。例如，肯·海兰德（Ken Hyland）在他那本开拓性的著作《学科话语：学术写作中的社会互动》（*Disciplinary Discourses: Social Interactions in Academic Writing*）中，考查了来自8个学科的5种体裁的1400个文本，对于各种学术文体（研究通讯、书评、摘要等）如何建构和交流学科知识提出了引人入胜的洞见。海兰德自己的文风反映出他作为一名社会科学家，尤其是一名语言学家的训练有素：

> Such practices cannot, of course, be seen as entirely determined; as language users are not simply passive recipients of textual effects, but the impact of citation choices clearly lies in their cognitive and cultural value to a community, and each repetition helps to instantiate and reproduce these conventions.

> 当然，这种做法不能被看作是完全确定了的，因为语言使用者不仅是文本影响效果的被动接受者，引文选择的影响显然在于他们对一个社会在认知上和文化上的价值观念，而且每一次的重复都有助于实例化和重现这些约定。

请注意动词的被动结构（be seen）、学科术语（instantiate）、带介词的短语（of textual effects, of citation, in their value, to a community）、多个抽象名词（practices, recipients, effects, impact, value, community, repetition, conventions），以及几乎消除了人的活动（句子中没有人出现）。海兰德关于学科话语的论述受到了学科规范的影响，这种规范坚持认为，学术文章必须是平淡无味、客观冷静、满纸抽象的语言。

然而，常识告诉我们的却有所不同。实际上，已经面世的许多优秀学术写作指南的作者也持不同观点，这些著作中有一些已经出版了几十年。例如，威廉·津瑟（William Zinsser）把"人文关怀"和"温暖"看作是具有影响力的非虚构写作的两个最重要的品质；约瑟夫·M. 威廉姆斯（Joseph M. Williams）认为，我们"对读者负有道德上的责任，应该写出语言严谨准确、描述细致入微的文字"；彼得·埃尔伯（Peter Elbow）极力主张，学术写作者应该把他们思维的创造性和批判性综合起来，构建具有说服力的论证；理查德·A. 拉纳姆（Richard A. Lanham）提出了多种方法来撤掉肥腻句子中的油脂（有效处理起润色、点缀作用的句子）；霍华德·S. 贝克尔（Howard S. Becker）建议学术界的学徒要抵抗所谓的"上等"写作（即在学术上装腔作势）的诱惑；斯特伦克和怀特提醒我们，要把读者想象成"在沼泽中挣扎的人"，他会感谢我们把他尽快拽到坚实的地面上。许多学者经常把这些书籍布置给学生研读，但他们自己却忽视了其中的建议，或许是因为这样的常识性原则在他们看来太过普通，或者这些原则过于接近新闻写作的原则，所以不能应用于他们自己的写作之中。

那么，大学为什么粗制滥造出如此之多的味同嚼蜡、千篇一律的文章？大学可是致力于培养创造力、进行研究创新、开展学院间交换、追求卓越标准、为多样化和不断创新的学生提供教育的机构啊！ 1993 年，《纽约时报书评》（*New York Times Book Review*）上刊登了一篇题为《与教授共舞》（*Dancing with Professors*）的文章，现在它被认为是一篇经典之作。在这篇文章中，帕特里夏·内尔森·里默利克（Patricia Nelson Limerick）把学者比喻为被铁丝绑到树枝上的秃鹫，并且它们也已经习惯于相信自己不能自由飞翔，即使最后铁丝被拉出来了。她总结道：

> 我认为，教授并不是为了严格要求而把冗长乏味的文章标准强加给学生；他们要求枯燥，是因为他们认为枯燥符合学生的最大利益；教授笃信单调无趣的写作风格是一种学术生存技能，因为他们认为这正是编辑——学术期刊的编辑、大学出版社的编辑——想要的。这个观点就是一个

连锁的错误信息和相互误解，每个人都认为对方
是需要枯燥乏味文风的那个人。

其他的解释形形色色、五花八门：有的从同情角度（学术江湖竞争惨烈，而文风统一能够确保一定程度上的舒适感和安全感）出发，有的从社会政治视角（我们为之工作的社会组织要求高生产率，这反过来助长了草率的写作）考量，有的从实际情况（我们必须学习适当的学科话语，而模仿是最简单的方法）出发，有的从阴谋论的视角（术语的作用像是一种暗号，是向同行发出信号，告诉对方我们同属一个业内人士精英俱乐部）来解释。

但是，我想在这本书里讨论的问题并不是学者为什么要这样写文章，而是如何改善这种情况。本书包括了 4 个方面的研究。首先，作为起始点，我邀请来自不同学科的 70 多名学者来描述他们各自领域的"优美的学术写作"的特点，他们的回应清晰详尽，见解独到，而且出奇地一致。我的同事告诉我：文风优美的学者会清晰而准确地表达复杂的思想；创作优雅的、精心构思的句子；表现出一种充满活力、专心致志甚至富有激情的感觉；吸引并留住读者；讲一个令人信服的故事；避免使用行话术语，除非这个术语对于论证至关重要；令读者享受审美的愉悦和获取知识的快乐；用独创性、想象力和创造

力进行写作。

接下来，我对 100 多位可引为榜样的作者的著作和文章进行分析，这些作者是与他们在同一学科的同人推荐给我的。这些文风优美的学术写作者中的大多数确实用作品证明了上面所述的标准。但是，我发现他们虽然实现了那些抽象目标，如吸引力、愉悦感和文采，但并不是通过才华和雄辩的神秘施展（不可否认的是，尽管他们都是才华横溢、雄辩滔滔的学者），而是通过运用一些非常明确、具体、通用的技巧。例如，我注意到他们经常运用下面这些技巧：

> 有趣的、引人注目的标题和副标题；

> 第一人称的轶事或插入语，展现作者本人，赋予文本个人色彩；

> 引人入胜的开篇段落，讲述一个有趣的故事，提出一个富有挑战性的问题，剖析一个难题，或者通过其他手段抓住读者；

> 使用具体名词（而不是名词化的抽象词语）、主动语态、有活力的动词；

> 使用很多例子，尤其在解释抽象概念的时候；

> 除了通常的 Excel 生成的饼图和柱状图之外，使用直观的图解（如照片、原稿影印件、图画、图表和复制图）；

> 广泛地参考引用学术的、文学的和历史的原始资料，表明作者在自己的学科领域内外都有广泛的阅读和与同行的商讨；

> 幽默，不管是直截了当的，还是低调含蓄的。

值得注意的是，我证实了文风优美的学术写作者不仅在他们的通常面向非专业读者的著作中使用了这些技巧，而且在针对学科同人的同行评议文章中也遵循了这些技巧。

在研究的第三阶段，我建立了一个涵盖自然科学、社会科学和人文学科等领域的 1000 篇学术文章的数据库，在医学、进化生物学、计算机科学、高等教育、心理学、人类学、法学、哲学、历史学和文学研究这 10 个学科中选取 100 篇发表在国际期刊上的文章。这个数据库在丰富多样的学科所蕴藏的学术资料中仅仅是九牛一毛。尽管如此，我的数据库依然为当代学术研究提供了一个引人注目的概貌。我用它不仅找到了引人入胜或令人震惊的学术文章的真实范例，同时也深入探究了关于学术写作风格及其现状的具体问题。例如，每一门学科中有多少篇文章含有第一人称代词（"我"或者"我们"），有多少篇文章以故事、轶事、问题、引语或其他叙事悬念作为开头，有多少篇文章出现抽象名词的百分比异常高或异常低，所有这些问题的答案在本书中都做了总结性回答。

最后，为了弄清学术写作的真实情形与给学术新手的建议是否符合，我分析了最新出版的 100 篇写作指南，其中大部分是针对博士或更高层次研究人员的。该研究结果会在第三章中详细描述。简而言之，我发现这些写作指南在风格的某些方面（如要求清晰和简明）提供了几乎一致的建议，但在其他方面（如代词的用法和结构）存在相互冲突的建议。对于那些追求文章更具吸引力、写作更大胆的学者，这些指南中不乏有用的建议和鼓励。然而，他们也会发现，优美的学术写作是一项复杂且常常自相矛盾的工作，正如斯特伦克和怀特所说：

> 对于风格，没有令人满意的解释；对于如何写出优美的文章，没有绝对可靠的指南；对于一个思维清晰的人，不能担保他一定能写得清晰；没有一把钥匙能够打开所有的门；对于年轻作家来说，没有一成不变的规则来帮助他们确定方向，因为他们经常发现，指引自己方向的星星也处于运动之中，这可真是令人不安啊！

学者只有意识到这些变幻无常，才能开始对自己的写作独立地做出明智的决策。

总的来说，我的研究画出了学术世界的一幅地图。在这个世界里，对冗长赘述、僵硬呆板、词语乏力的学术文风明确表示拥护的人，即使有，也寥寥无几，但是这种学术文风有着数量庞大的践行者。令人欣慰的是，我们所有人都有能力通过一篇一篇的文章来改变这幅地图的轮廓——只要我们选择这样去做。

接下来的几章为两种类型的学术写作者服务：一种是希望总是能写出引人入胜、浅显易懂的文章的写作者；另一种是选择偶尔跨过分界线的写作者。科研工作者的技术报告、分析哲学家高深莫测的辩论、后结构主义理论家复杂费解的思考，总是会在世界上有其一席之地。它们每一种都服务于一个有价值的思想目标，尽管读者面受到限制，但是它们仍然会获得一些人的欣赏。然而，所有的学者都一定需要与更广泛的读者互动，至少在某些情况下需要。例如，在向拨款决策机构、大学推广委员会、部门同事、本科学生或非学术性公共组织的成员等描述自己工作的时候。在本书第二部分"优美文风的要素"中，我概述了一些策略和技巧，甚至能够帮助专业化程度较高的研究者与不懂他们独特学科术语的读者进行交流。虽然这本书的重点在"优美的学术写作"，但这些技巧应用于公共演讲领域也可以收到同样良好的效果。

当然，没有人能完全量化风格，就像时尚的着装，优美的写作永远都是个人才能和品位的问题。此外，写作风格也会因为内容、目的和读者定位的不同而大相径庭。你不会期望穿着同样的衣服冬天去阿拉斯加，夏天去西班牙，也不会以同一身行头出席盛装舞会和参加体育比赛。尽管如此，这本书还是反映了我的一个建立在大量研究数据之上的理念——优美的学术写作的基本原则确实可以被描述、仿效和传授。也许这些原则中最重要的是自决原则：优美文风的写作者笃信，学术写作就像学术思想一样，不应受制于传统风格条条框框的束缚。就像里默利克的秃鹫一样，即使曾经羁绊它们的铁丝早已被斩断，它们仍然害怕自由飞翔。许多写作者缺乏信心，不能摆脱他们学科话语的规则，他们将之视为铁律，当然这种认知经常是错误的。

　　这本书将像最高效的老师教学一样，立竿见影，让学者能够著书立说，文思泉涌，激情洋溢，充满勇气，技巧卓越，风格独树。

第二章　学科的规训

在英语中"discipline"这个词作名词用时有以下几个意思：

· 教学或教育的一个科目；学习或知识的一个科系；在教育方面的一门科学或艺术。

· 学生或其他被控制或命令的人（如士兵、水手、监狱的囚犯）维护并遵守的规则。

· 纠正；惩罚；以纠正和训练的方式给予处罚；在宗教使用中，指肉体的禁欲、苦修、赎罪；此外，从更一般的意义上讲，指殴打一顿或其他被（滑稽地）认为对接受者有益的惩罚。

一个人进入一个学术科目（discipline），就顺理成章地成为受约束的人：将被他的老师用"被假定为有益的"纠正加处罚的方法反复进行训练，最终养成遵守规则的习惯。学术评论员提及学科时，将之比作"筒仓""路障""隔离区"和"黑匣子"等不同的事物，用这些比喻含蓄地批评了学科规训在著书立说方面强行施加的限制。然而，学科规训仍然是一个影响力强大甚至神圣的概念。据说，加利福尼亚大学校长克拉克·克尔（Clark Kerr）曾经把 20 世纪中期的研究型大学形容为"一群教师个体创业者，凝聚他们的只有对停车位的共同抱怨"。几十年过去了，他的话依然没有过时：教师常常似乎更专心致志于设立围栏来隔离防护，侍弄学科领域内自己的一亩三分地，而不是寻求共识。即使在局外人看来属于同一领域的学科之内，学者们也可能属于相互对立的次级学科派系，他们确立并固守着各自的学派特性，明显表现出特有的观念形态并说着学派习语。社会学家安德鲁·阿博特（Andrew Abbott）把学科分支之间的"分形差异"（相似之中的区别）比作分段亲属关系系统："从一个家族开始分裂，然后再次分裂。这样的系统有许多重要的特征，其中之一就是人们只认识自己的近亲属。"

　　最近，我所在大学医学院的一位同事告诉我，她决定不去报名参加一个跨学科的进修课程，因为向医学专业以外的任何人学习学术写作，在她看来都是"白费时间"。她的说法让我想起几年前偶然看到的一则新闻，这则新闻介绍了一些医疗专家与非医疗专家之间看似不可能但实际上富有成效的合作。

2006 年，来自大奥蒙德街儿童医院的外科医生邀请一级方程式赛车法拉利车队的加油检修站的机修工团队来对他们的工作进行观察。机修工注意到，外科医生的工作规程中存在很多效率低下的问题，并且建议进行一些关键性的改变，特别是在同步化、沟通和病人重新安置等方面。由此，医生制定了新的手术规程，与护士和技术人员建立了新的沟通渠道，甚至还设计了一个新的手术轮床，使得他们年幼的患者在手术室和重症监护室之间的转移可以更加平稳顺利。据一位参加这次活动的外科医生说，手术病房已经变成"一个无声而精准的中心"，在这里"手术中的混乱情况已经大大减少"。当然，学术写作不是脑部手术，就像外科医生和一级方程式赛车的机修工一样，学者每天都在从事大量复杂的、高度专业化的工作，要想把他们的工作很好地撰写出来，这种能力的获得不仅需要训练、专注和技巧，还需要学者愿意改变、成长，并向他人学习。

在一篇关于"特色教学法"的文章中，教育研究者李·舒尔曼（Lee Shulman）呼吁大学教师将眼光放长远，突破自己学科的传统教学方式——示范实验室（自然科学学科）、研讨会（人文学科）、苏格拉底式对话（法学学科）、画室上课（美术学科）、临床巡访（医学学科）——去借鉴别人的方式，例如，语文教授可以鼓励学生对彼此的作品进行"现场评论"（美术工作室模式），数学教授可以让学生参与一些重要概念问题的结构化讨论（人文学科研讨会模式）。同样地，学术写作者可以学他人之长，利用别人的思想和技术，有意识地质疑，做出改变，进而改进自己学科的标志性研究风格——这些风格往往代表着根深蒂固却未经检验的思维方式。

环顾我所在的大学，我发现，许多优秀的同事通过各种跨学科研究赢得了学术声望：演化心理学学者把他从动物学研究中所学到的知识运用于比较语言学分类方法领域，教育学教授所接受的统计学训练支撑了他对世界各地教育研究的整合分析，人类学教授有意识地将历史学和人类学的研究方法编织在一起，文学教授在故事的起源这个问题上的突破性见解得益于他在演化生物学和心理学领域的广泛阅读。所有这些优秀学者在自己学科的规范和要求上都受过良好的训练，但是他们没有一个人墨守成规。

在我第一次着手本书的研究时，我抱有一个幻想，认为自己可以绘制出众多学科风格的一致图景，聚焦特定的领域，放大后观察，然后对身处其中的人作出有根有据的论断："人类学家这样写，计算机科学家却那样写。"然而，我收集完初始数据库的时候，面对这 1000 篇经过同行评议的文章——选自 66 种期刊，跨越人文学科、自然科学和社会科学等 10 个学科——我意识到，全面概述这些学科的特色写作风格将是一项不可能完成的任务。托尼·比彻（Tony Becher）和保罗·特罗勒尔（Paul R.Trowler）在 2003 年出版的《学术部落及其领地》（*Academic Tribes and Territories*）一书中提道："现在有超过 1000 种数学期刊，涵盖了 62 个大主题和 4500 个子主题。"同时，大多数其他主要的学术领域也可能产生同样令人望而却步的统计数据。当我将大网撒入林林总总的学科的汪洋大海中，我感觉自己不太像是一个地图绘制者或测量员，而更像是一个站在浩瀚海洋边缘的孤独渔夫。

我之所以选择这 10 个学科进行研究，是无知、好奇心、专家意见和机缘巧合等因素综合推动的结果。在自然科学中，我选择医学是因为我想知道重要的医学期刊是否允许在写作风格上可以有所变化；选择演化生物学是因为该领域出现了一些令人瞩目的科普作家；而选择计算机科学则是因为该学科的一位同人让我看了几篇妙趣横生的同行评审文章。在社会科学领域，我选择了高等教育，因为我对该领域的学术期刊已经非常熟悉；选择心理学是因其多样性特点；选择人类学是因为这门学科的写作具有悠久的反思性写作传统。在人文学科领域，我之所以选择哲学是因为它有独特的风格；选择历史学则是因为同人经常声称"历史学家都是优秀的作家"；而选择文学研究则是因为它是我自己的专业领域。为了使选择的学科数量达到 10 个，我把法学也拉了进来。法学居于社会科学与人文学科之间，有很多独特的文风。

　　对于大多数纳入研究的学科，每个学科我选择了 5 种具有代表性的期刊（不同的研究者可能有不同的选择），并且从每种期刊上下载了 10 篇最新的文章。在勤勉的研究助理把整个数据库分类编目之后，我对这 500 篇文章进行了详细的分析（每个学科 50 篇）。我主要是提出定量问题，旨在得出明确客观的答案，例如，每一篇文章有几个作者？每个学科的论文长度平均有多少页？有多少篇文章使用了第一人称代词？在每一篇文章中出现某些类型单词的百分比是多少？但有时，我也会冒险进入主观领域，例如，在从一个具体的标准出发进行工作时，我和我的研究助理把每一篇文章的标题和开头的句子评定为"引人入胜""信息丰富"，或者两者兼而有之。

　　不出所料，我刚一开始向被研究的 10 个学科的同行介绍我的分析结果，他们就着重指出，如果我从这本人类学期刊或那种计算机杂志上选取文章，那么我的研究结果将会大相径庭。我还听到了来自其他领域的学者的抱怨，包括护理学、美术学、工程学、管理学和旅游学等，尽管这些学科的学术期刊并不在我的调查样本的范围之内。两种同行——一种是我将他们的学科纳入了我的研究，而另一种是我没有将他们的学科纳入研究——都觉得，无论怎样，我都忽视了他们，要么是没能抓住他们的特定领域或子领域的细微之处，要么是对他们的学科完全置之不理。当然，这样的反映其实是他们没有领会本书研究的要领。这本书的目的并不是向学者提供一面镜子，向他们展示他们对自己已有的了解；相反，我想鼓励读者跨越学科的藩篱，弄清其他领域的同人都在做什么。就像外科医生，先前他们觉得在汽车加油维修站的修理工那里没有自己可以学习的东西，学者也会认为，从自己学科之外的研究者身上没有什么可以学习的东西。然而，他们这样就会有错失学术生活中最大乐趣的风险：参与富有激励性的谈话，建立研究合作，与能够丰富我们的知识、激发我们的灵感的人分享我们的思想。

    我的数据分析证实了大家对某些学科的成见，并颠覆了一些刻板观点（参看表2.1）。例如，我曾预测在我收集的样本中，所有自然科学期刊都是高度规范的，在结构、标题或文体的其他方面几乎不能容忍与规范不符的情况出现。这一预测在医学领域得到了证实。在医学领域，研究人员往往是在大型团队中工作，并使用标准化的模板公布他们的研究发现。然而，在演化生物学和计算机科学领域，我发现有更多的多样性表达。在我的样本中，10% 的演化生物学家选择了一种独特的或混合的结构，但是在这个领域，研究性论文的框架占主导地位的是标准的 IMRAD 结构，即由导论（Introduction）、方法（Method）、结论（Results）和讨论（Discussion）4 个部分构成；8% 的计算机科学学者在混合结构占主导地位的领域使用了 IMRAD 结构；11% 的演化生物学学者和 8% 的计算机科学学者在他们的标题中至少包含了一个"引人入胜"的要素，如一段引语、一句双关语或者一个问题。这些情况在这两个学科的期刊上分布得相当均匀。也就是说，在全部文章中大约有10%的文章与其学科倾向有偏差。

表 2.1　在 10 个学科领域里具有不同风格特征的文章所占百分比（n=500，每个学科 50 篇文章）

	第一人称	独特的混合结构	引人入胜的标题	引人入胜的开头	>6%普通抽象名词	>4%It, this, that, there	>4%be 动词
医学	92	0	1	0	18	0	16
演化生物学	100	10	11	2	54	6	14
计算机科学	82	92	4	8	36	10	26
高等教育学	54	70	19	10	78	6	2
心理学	84	58	14	18	60	30	16
人类学	88	78	31	28	30	12	12
法学	68	96	16	24	54	20	4
哲学	92	74	35	46	32	66	50
历史学	40	96	53	58	16	18	4
文学研究	96	92	77	52	20	14	0

　　另一个令人惊讶的发现是，在自然科学领域，第一人称代

词的使用频率在数量上占主导。第一人称代词在医学、演化生物学和计算机科学等学科论文中的高比例（分别为92%、100%和82%）使用证明了人们的普遍看法——自然科学家在研究性写作中回避使用代词"我"和"我们"——是错误的。相比之下，在我的数据样本中，只有54%的高等教育学研究者和40%的历史学者使用第一人称代词，对于这一发现，我在第四章中进行了更详细的讨论。总的来说，我可以确定，代词的使用和每篇文章的作者人数之间没有特别强的相关性，也就是说，单独作者的文章与多人合著的文章相比，其中包含第一人称代词的可能性既不更大，也不更小。我也没有发现哪一门学科普遍要求或普遍禁止使用第一人称代词，即使在第一人称代词使用频率非常高的文学研究领域，在50篇被调查的文章中也有两篇没有出现代词"我"。

将其他词性的词名词化，即由动词或形容词转化而生成的多音节抽象名词，例如，模糊处理（obfuscation）、黏性（viscosity）、偶然性（fortuitousness）等抽象名词深受学术写作者的喜爱，高等教育研究者对于名词化的热衷排名高居榜首，在高等教育领域78%的文章中，每100个词至少有7个（常常更多）以常见的7个名词化后缀（-ion, -ism, -ty, -ment, -ness, -ance, -ence）中的一个结尾。相比之下，历史学科仅有16%的文章密集使用此类名词。令人惊讶的是，在我的样本中，专攻抽象概念的哲学家比起他们在演化生物学、计算机科学、高等教育、心理学或法学领域的同人，平均来讲，却较少使用名词化词语。实际上，哲学家转而使用伴随着信息密集、被动语态的语句的另外两串词（is、 are、 was、 were、 be、been 和 it、 this、 that、 there），哲学家使用这些词的频率是调查范围内任何其他学科的学者的两倍多。

要总结出一个学科的一种"典型"风格，心理学和人类学被证明是最具挑战性的。两者都是涉及范围广泛、学科种类丰富多样的社会科学，它们一只脚站在自然科学中，另一只脚站在人文学科中；它们的分支学科的范围和复杂性也难以用一个单一的描述来把握。例如，我的样本中的 5 种人类学期刊涵盖了广泛的研究活动——从对古代的下颌骨进行年代碳测定到开发新的算法来解释社交网络的作用。这 5 种期刊在方法论、内容和风格上也迥然不同。

在心理学学科中，我们可以发现同样多种多样的风格。在由安东尼·比格兰（Anthony Biglan）最先定义的"硬学科 / 软学科"和"应用学科 / 理论学科"类型中，心理学跨越了 4 个象限。然而，在表 2.1 中，这些差异被抹去了，表 2.1 中所反映的是来自不同期刊的调查平均结果，这些期刊涉及了 10 个不同的分支学科：应用心理学、生物心理学、临床心理学、发展心理学、教育心理学、实验心理学、数学心理学、多学科心理学、精神分析学和社会心理学。

表2.2显示了我所研究的10门学科中论文的平均作者数量、页面长度和引文或脚注的统计数据。大多数学者都知道，有一些学科的研究者常常发表简短的、多位作者合著的研究报告，而其他领域的研究者则青睐长篇的、单一作者著述的文章。然而，将医学界的统计数据（每9页有9.6个作者和29处引用）与法学界的统计数据（每43页有1.4个作者和152处引用）相对比，其结果却提供了一个醒目的直观差异。对于任何曾经参加过多学科经费审议委员会或晋升考评小组的人来说，表2.2是一个非常有用的提示，即学者绝不应该单凭他们自己学科的规范标准来判断他们同行的产出或引经据典的做法。

表2.2　来自10个学科的文章中，作者数量、页码、引文或脚注的平均数量 (n=500，每个学科50篇文章)

	作者数量	页数	引文数量
医学	9.6	9	29
演化生物学	3.8	21	54
计算机科学	2.7	27	27
高等教育学	1.8	24	48
心理学	2.8	21	69
人类学	1.9	23	75
法学	1.4	43	152

	作者数量	页数	引文数量
哲学	1.1	24	50
历史学	1.1	26	78
文学研究	1	18	34

　　总的来说，我的文体风格分析表明，大多数的学术写作者——除了在像医学这样高度规范化的领域——并非受到传统规则的制约，而只是被其影响。对于我发现的几乎每一个学科风格倾向，我都指出了它们文体风格上的各种例外情况：选择不使用第一人称代词的哲学家（8%）；每一篇文章都选择不以平淡无奇的、明确研究课题重要意义的抽象句子开头的高等教育学研究者（10%）。相反，他们用趣闻轶事、引语或问题来开篇。我希望，这些统计数据能够鼓励那些想把文章写得引人入胜但又害怕违反学科规训所引起的后果的学者，给他们以勇气。

　　学科惯例不是强制要求，倾向也不是法则。我们所在的不同学科具有各自特征鲜明的研究风格，学科规训会影响并定义我们，但未必要束缚和压制我们。

第三章 风格指南之指南

学术写作，就像大学里的教学，是社会学家保罗·特罗勒尔（Paul R.Trowler）所说的"反复的实践"，是大多数高校教师"习惯性并且不假思索"的常规工作之一，他们很少思考要怎样或为什么可以用不同的方法来写作："我们理所当然地认为，这就是我们在这里做事的方式。"

近年来，随着美国"未来教师培养计划"项目和其他地方各种教师执教资格证书制度的施行，对教师的教学法培训已不再像过去那样是件新奇的事情。然而，许多学界新人仍然会遇到 20 年前我所面对的以下这种情况的某个版本。那时我刚获得博士学位，当我走进新系科，立刻就收到第一年被指派讲授的课程的一张列表。没有受过教学法的培训，也没有明确制定的教学原则可遵循，我胡拼乱凑弄出来的课程，看起来和我在本科时学习的课程相差无几，这些课程当初是如何教授给我的，我就以完全相同的方式教授给我的学生，包括讲义结构和考试卷子在内。我偶尔会在系里看一看，看看我的同事都在忙些什么。让我感到安慰的是，他们的做法与我的基本上如出一辙。直到多年以后，我才发现在我的大学图书馆里，好多以学生为出发点的教学法和课程设计等相关主题的书籍一排排地摆放在那里。如果我早知道有这些书该多好，它们本来能够助我一臂之力，让我成为一名更勤于反省、更见多识广、更富有创新精神的老师。

学术写作也是如此。对于大多数学者而言，关于如何"像历史学家一样"或"像生物学家一样"写作的正规训练，即便真有，也是从博士学位开始到博士学位结束。在我们余下的职业生涯中，我们只有三个主要的指导来源可以依靠：回忆导师关于何为好文章的谆谆教导，如果还记得起来的话；同行对我们的文章偶尔给予的反馈；在我们渴望发表文章的学术期刊上最近刊载的文章范例。这三者都倾向于保守。导师通常主张谨慎的风格，希望自己的学生在学术文章中展现对学科规范的掌握，不要冲撞学科边界。同样，期刊编辑和审稿人往往更热衷于自我克隆，而不是真正的创新或放权。而同行评议期刊会提供一堆文体风格模板，最好的不过是四平八稳，最坏的简直就是捣乱破坏。即使是最负盛名的国际学术期刊也可能刊登术语泛滥、结构混乱、论证草率、语法欠准的文章。那些通过模仿来学习写作的学者几乎不可避免地染上同样的坏习惯。

毋庸置疑，一些学者最终成为优秀的教师，尽管他们缺少高等教育教学方面的正规训练；同样的道理，一些研究者战胜各种不利条件，最终成长为优秀的写作者；还有一些研究者甚至可能幸运地与合著者、导师或编辑一起合作，后者会将这些研究者的写作推向一个新的高度，而不是建议他们仅仅撰写一些安全、"聊可发表的"东西。然而，高级研究者确实也会求助于已出版的写作指南，将之作为学习和提升写作的资源，但这种情况极其少见。我是如何得知这一点的？我曾与数百位学者谈及他们的学术写作工作，只有少数人提到说，他们在攻读博士学位期间或之后曾把写作方面的书作为他们学习写作的一个重要资源。

如果学者阅读这类书并遵从了书中的指导，那么今天的学术写作领域又会是一番什么样的景象呢？我好奇地想要做一个测试，看看在学术风格指南提出的建议与学术出版物的实际情况之间存在怎样的差距。于是我聘请了一名研究助理，对最近出版的、以诸多学科的学术写作者为目标读者的书籍做一个加注释的分类。最初的数据库搜索产生了500多个条目，我们将这一书单筛减为100本写作指南，其中大多数书针对高级学者，也就是研究生和教员。该书单还包括10多本通用的风格指南，人们可以在学术书籍的书架上看到它们，如公认的经典名著，威廉·斯特伦克（William Strunk）和 E.B. 怀特（E.B.White）的《风格的要素》（*The Elements of Style*），高尔斯（Gowers）的《简明的语言》（*The Complete Plain Words*），理查德·A. 拉纳姆（Richard A.Lanham）的《散文的修改》（*Revising Prose*）以及约瑟夫·M. 威廉姆斯（Joseph M.Williams）的《风格：写作的清晰与优雅》（*Style: Lessons in Clarity and Grace*）。

在经过筛选的 100 种样本图书中，只有 17% 是专门针对大学教师的，这是一个重要的统计数字——显然，大多数出版商没有把博士生之后的学者当作写作指南类图书的一个有活力的市场，这类图书中的绝大多数 (69%) 的目标读者是研究生和 / 或高年级的本科生，少数（8%）面向接受过学术训练的专业人士，如美术和音乐评论家、律师以及工程师。这些图书主题广泛，涵盖了从语法和词法的基本知识到写作的情感和心理等方面（如何克服文思枯竭的瓶颈，如何与论文导师相处，如何建立写作小组）。我们特别关注了这些图书的作者对于我这本书中所探讨的文体风格原则与技巧都说了些什么。在这些话题中，仅有两个——清晰和结构——证明是非常普遍地受到了关注，在我们调查的书籍中，超过 80% 都有对它们的讨论。不到一半的图书提到了其他几个重要的"风格要素"，例如，具体的语言和为吸引读者而设计的开头，因此在这儿暂不讨论。

在文体风格的6个重要方面，所有指南给学术写作者提出的建议基本上是一致的（见图3.1）。

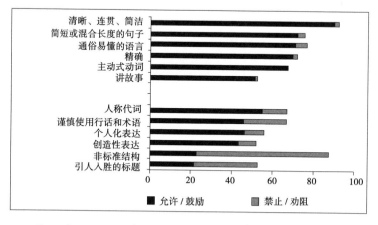

图3.1　12 种优秀写作风格被允许/鼓励或禁止/劝阻在高级学术写作风格指南中所占百分比（n=100）

·清晰、连贯、简洁：努力写出清晰、连贯和简洁的句子（大多数写作风格指南都以某种形式提到了这3个要素；100本指南中只有2本明确地反对这3个要素）。

·简短或混合长度的句子：用简短而简单的句子，或通过长句与短句的交替使用来变换节奏。

·通俗易懂的语言：避免华丽、浮夸、古文化用语或废话。

·精确：避免含糊不清和不精确。

·主动式动词：避免或少用被动式动词结构；
主动式动词应该占大多数。

·讲故事：创作一个引人入胜的故事。

然而，在其他 6 个方面，这些指南却提供了不一致或相
互矛盾的建议。

·人称代词：学术写作者应该还是不应该使
用"我"和"我们"？

·谨慎使用行话和术语：学术写作者应该在
适当的时候使用学科术语，还是应该完全避免使
用学科术语？

·个人化表达：学术写作者应该还是不应该在
文章中使用个人化表达？例如，作者通过个人轶
事、情绪反应、自我反思的评论表现个人语言特色。

·创造性表达：学术写作者应该使用比喻性
语言和其他"创意性"的风格技巧，还是应该避
免创意性表达？

·非标准结构：文章和论文应该永远遵循传
统的结构，还是应该允许另类的实验性的结构？

·引人入胜的标题：学术文章的标题应该是好

玩有趣和煽情吸睛的，还是应该仅限于提供信息？

从这些不同的结果中，我得出两个互补的结论：一方面，所有指南对前 6 项近乎一致的建议表明，有某些不容商榷的原则，所有的学术写作者得到的劝告都是应该遵循它们（在我的研究中，最糟糕的调查结果之一是这些原则被提倡的多、被实践的少）；另一方面，这些指南在诸如代词使用、结构和标题等方面的建议各不相同，这种矛盾性提醒我们，学术写作是一项多么复杂和棘手的工作，尤其是对于仍在努力确立清晰学术身份且处在职业生涯初期的研究者。

偶尔，这些写作指南给出的建议也在不同学科领域出现意料之中的分歧，例如，84% 的自然科学领域的写作指南推荐遵循文章和论文的标准结构，而只有 52% 的人文学科领域的写作指南推荐这样做。然而，在大多数文体问题上，这些学科本身就存在分歧。例如，大多数指南 (55%) 提倡使用人称代词，但在每一个学科类别（自然科学、社会科学、人文学科和一般学科）中都至少有几本指南告诫我们不要使用"我"或"我们"。同样地，43% 的指南推荐创意性的表达形式，如使用比喻或非学术的语言，但有 9% 的指南（每个大学科类别中有一本或更多）警告我们在学术写作中不要使用创意性表达。那么，我们该何去何从呢？

更让人困惑的是，这些文体风格指南本身在学术语体和文体方面也存在很大差异，其中大约三分之一（38%）的指南使用了一种以复杂的句法、语言和抽象或理论性的观点为特征的学术语体；近一半（44%）的指南保持一种大体上正式但又"通俗易懂的语言"基调；剩余的（18%）采用了一种更具有创造性或更加口语化的文体风格。这三种语体中的每一种都相当均匀地分布于不同的学科类别，这表明无论是恪守常规还是大胆创新都没有在任何学术领域占据垄断地位。在划归"创造性或口语化"一边的指南中，作者使用隐喻、文字游戏、幽默、个人轶事、实验性的结构以及许多其他文体风格技巧来吸引并指导他们的读者。相比之下，在划归"学术性"一边的指南中，文字往往更具学术性。

在被调查的风格指南中，大约有四分之三的指南是通过间接建议和举例说明来提出指导的，而不是通过"你必须"或"你应该"这样的直接命令。然而，也有少数指南明确地突出强调选择的原则。史蒂芬·派恩（Stephen Pyne）记录了文体风格的许多不同选择，非常适用于人文学科领域自信的文体家们，例如，他指出："使用口语化的语言不利于学术论证，令人感觉牛头不对马嘴，甚至是对学术论证的蔑视；同样地，在日常生活中使用文绉绉的语言也不合时宜……而且任何事情都应分时间和场合。少量的大白话起到的作用就像机器螺栓上的双垫圈，让零部件流畅运转而不卡壳。"帕特·弗朗西斯（Pat Francis）把艺术创造与写作相结合，将创意素材融入自己的作品中，如素描、照片、拼贴画、明信片、非常规的留白、日记条目、诗歌、文字游戏，并设计出一些训练方法来帮助艺术学科的研究者展示自己的创作才华。林恩·尼加德（Lynn Nygaard）讨论了一些认识论问题，如客观性、表达论、个性和透明度，将自然科学和人文学科的视角综合起来，这在以科学家为主要目标读者的书籍中还是比较罕见的。罗伯特·戈尔达伯特（Robert Goldbort）对科学写作给出了一个清晰、易懂的解释，包括科学写作的历史和公众对科学作家的态度；罗伯特承认并鼓励不拘一格的多样风格，而不是要求遵守一套严格僵硬的规则。安吉拉·索迪（Angela Thody）不仅讨论了数据收集、出版和演示的基本知识，而且还大肆宣扬采用另类甚至完全实验性的研究模式。霍华德·贝克尔（Howard Becker）对学术界的写作文化进行了剖析，纠正了人们对写作过程的普遍误解，详述了常见的写作恐惧症，并针对出版风险的磋商谈判提出了切实可行的策略。最后还有史蒂芬·布朗（Stephen Brown），他分别运用读者反应理论、马克思主义文学理论、解构主义、生物诗学和精神分析等批判性视角，分析了营销领域5位重要作家的作品，他通过在学术写作方面的新颖写作方法，积极地抵制他所说的大多数学术话语中的"千篇一律的规则"。

　　这几位作者都清晰地表现了我的样本中所有指南的内容。总体上看，通过他们之间诸多相互冲突的观点，隐晦地证明了这样一点：学术写作是一个作出明智选择的过程，而不是遵循严格规则的过程。是的，某些领域的学者比其他领域的人有更多的自由，能够选择与学科规则相悖的文体风格。传统的风格惯例仍然是一股强大的力量。但是，即使在看起来最僵化刻板的情形下——例如，在所有研究报告都必须符合一个刚性的结构模板的期刊上——作者仍然能够决定是写清晰、简洁、充满活力的句子，还是晦涩难懂、复杂深奥、被动语态的句子。自然科学家可以选择使用主动语态的动词，社会科学家可以选择运用个人化的表达，人文学科的学者可以选择避开学科术语。针对令人麻木不觉、一味顺从和被惰性役使的力量，明智的选择是时尚作家最好的武器。

　　文化演化论的支持者彼得·理查森（Peter Richerson）和罗伯特·博伊德（Robert Boyd）观察到，人类倾向于"模仿任何特定文化行为的常见类型"：看周围的人做什么，我们就和他们做一样的，而不会停下来问问为什么。然而，偶尔我们会被劝导去"模仿成功者"，例如，根据一位著名厨师的建议改变我们的烹饪风格。理查森和博伊德指出，只有当"一些个人通过某种形式的学习来改善自己的行为，而其他人通过模仿获得这些人改善了的行为"的时候，文化才得以发展。对于学术写作者来说，这个论证的含义显而易见：我们可以继续"模仿学术文章的常见类型"，不断地复制现存者；我们也可以"模仿成功者"，采用杰出同行的文体风格策略；我们还可以采用不同的"学习形式"——阅读、思考、实验——把我们自己的学术研究引入新的发展方向。但反过来，我们也可能成为开拓者，我们的学术文章将被他人所模仿。

在接下来的章节中，我会讨论不同学科的学者为吸引读者、鼓励读者所采用的一系列方法技巧。标题为"风格要点"的标注散见于全书各处，对引为榜样的作者的文章加以诠释，这些文章是该作者所在学科的同行推荐给我的。在从100多位推荐作者的最初名单中进行挑选的过程中，我试图让样本文章的学科范围和文章的类型广泛一些：文章不仅选自期刊，也选自书籍；不仅来自高度专业化的出版物，也来自面向更广泛读者的出版物；不仅有传统文体风格的文章，也有刻意创新的著作。肯定地说，有些读者能够说出许多同样值得我们关注和仿效的其他作者。

除了我这里介绍的风格优秀的写作者，我鼓励你从你个人最喜爱的作者那里获得方法和启示。通过模仿成功者，把他们的技能变成我们自己的技能。我们可以共同努力，把平庸的学术文章变为真正值得一读的作品。

第二部分

优美文风的要素

第四章　观点与反响

　　如果让你说出一位学术写作者，你特别欣赏他的作品，那么很有可能你会选择这样一个人：他的文字激情澎湃，他的文章直截了当，因为坦诚相见，所以直入人心；你感觉这个人好像正在和你一边喝着咖啡一边聊着天，他或许会在餐巾纸上画个图来向你解释一个观点，而不是用单调的声音念着电脑打印出来的或幻灯片屏幕上放映的干巴巴的讲义。现在再选一个学者，你觉得他的文章难以消化理解，即使他的观点完全站得住脚。我敢打赌，你会发现在 10 个这样的学者中，有 9 个会出现下面的情形：

　　➤ 作者以去个人化的态度写作（代词"我"和"我们"偶尔会出现，但可能索性完全没有）。

　　➤ 作者没有试图与读者直接对话（没有幽默、题外话、引人入胜的轶事，没有"你"）。

➤ 在作者所写的段落中，几乎每一个句子或者用一个抽象名词作为主语（"这项研究""这项观察"），或者根本没有指定的主语（"可以看到"）。

很久以前，各学科的博士生都曾被告诫：个人化特征绝对不应该侵入学术写作。自然科学家、社会科学家，甚至人文学科的学者在入行之初都曾被警告说，如果使用"我"和"我们"，他们的研究报告将不会被严肃对待。

如今，大多数学术领域都允许使用第一人称代词：在我的这项跨学科研究中的 66 种同行评议期刊中，我发现只有一种（一本著名的史学期刊）明确禁止使用第一人称代词。

风格鉴赏

纳撒尼尔·梅尔曼（Nathaniel Mermin）

你的问题是，这篇文章是否称得上是"显著地与众不同"并足以发表？我从来没有读过类似的文章，但是我读过不少关于 EPR（Einstein-Podolsky-Rosen Channels，爱因斯坦-波多尔斯基-罗森通道）的文章，尽管远非所有的文章。读了这篇文章后，我把它暂放在一边，然后用这一周余下的时间致力于研究一些完全不相关的东西。时不时地，我就会反省一下，看看是否产生了某种不同的审视方法，而以此将这篇文章视为平凡无奇、微不足道的。但是，没有。昨天夜里，我在凌晨三点醒来，这篇文章一直萦绕在我的脑海里，令我着迷不已，无法再次入睡，这就是我对"显著"的定义。所以我说："这是'显著地与众不同'的，我建议发表它。"

1992 年，《物理评论快报》（*Physical Review Letters*）杂志请物理学家纳撒尼尔·梅尔曼复审一篇关于"密集编码"的论文。虽然他上面的文字原本是打算私下给一个读者（该杂志的编辑）的，但是，最终出现在梅尔曼审阅报告里，而这种鲜明的个人色彩、奔放的热情表达几乎弥漫在他所有的学术写作中，从他的文章标题直至各章节的引文：

- "神奇的多色相对论引擎"《美国物理学杂志》（*American Journal of Physics*）（文章标题）；
- "哥本哈根计算：我是如何学会停止担忧并热爱玻尔（Bohr）的"《IBM 研究与发展杂志》

（*IBM Journal of Research and Development*）（文章标题）；

·"这些'胸罩'和'水壶'——它们无非是载体！"——新启蒙的计算机科学家（章节引语）。

梅尔曼甚至还以一种略带幽默的会话方式来展示数学公式：

·我们从普通的非量子经典计算的一个愚蠢的公式开始；

·虽然在第（4）中定义的运算 X 对于 Obits来说是完全合理的，但是运算 Z 根本没有意义。

虽然他那扯闲话式的风格不会吸引所有的科学家，但我们从这些例子中仍然可以看出，为什么能说会道的梅尔曼不仅成为一位开创性的科学家，而且还撰写出畅销的本科生教材和物理学教学方面颇具影响力的文章。

社会科学学者经常告诉我，他们一直被训练避免使用"我"和"我们"，尽管《APA 出版手册》（*APA Publication Manual*）这本社会科学领域极具影响力的写作风格指南自 1974

年起就提倡使用人称代词："我们的意思是指两位或更多的作者或实验者，包括你本人。当这就是指'你'的时候，请使用'我'吧。""那为什么不允许你用第一人称写作呢？"我询问我的社会科学领域的同行，他们回答说："这是因为我们应该听起来很客观，像自然科学家一样。" 然而，大多数自然科学家早已放弃了不具人格的被动模式，这一立场反映在他们最具影响力的写作风格手册中：《ACS 写作风格指南》（*ACS Style Guide*）有明确的建议，在适当的时候使用"我"或"我们"（"当用第一人称有助于你保持意思清晰和表述一个目的或决定的时候，就使用第一人称"），而《AMA 手册》和《CSE 手册》都含蓄地鼓励使用第一人称代词。因此，我们得出了一个有趣的悖论：在我的数据样本中，那些主要撰写动植物研究文章的演化生物学家在我所调查的 50 篇文章中无一例外地（100%）使用了人称代词，而主要撰写关于人的研究文章的高等教育研究者却只有大约一半（54%）使用了"我"或者"我们"（见第二章的图 2.1）。

一个更加令人吃惊的反常现象在人文学科领域出现：在我的数据样本中，只有 40% 的历史学学者采用了"我"或实际上指代个人的"我们"；与之相反的是，92% 的哲学学者和 98% 的文学学者这样做。避免使用第一人称代词的历史学学者经常坚持认为，他们这样做是一种保持客观立场的方法。然而，在我所调查的 10 个学科的所有研究人员中，历史学学者在使用语言时，主观性是最明显的，语言甚至是操纵性的，正如下面这 3 个例子所反映的。

无可否认地，这是一个庞大的地理和制度环境，因此有必要把重点放在某些问题上，而放弃其他问题。

菲舍尔（Fischer）敏锐地回应说，这些正好相反的方法显然是错误的选择。

大西洋的历史已经非常完善，到了需要挣脱两种模式强加于它的束缚的时候了，这两种模式主导了对美洲史学的解释。

这 3 个例子都发表在《美国历史评论》（*American Historical Review*）上，在我的数据样本中，这是唯一调查过的文章都没有使用第一人称代词（除了集合代词"我们"）的期刊。这些句子的作者从来不说"我"，但是，他们的文章确实充满了主观性极强的名词（选择、束缚）、形容词（庞大的、错误的）、副词（无可否认地、敏锐地、显然）和动词（放弃、需要挣脱、强加、主导），这些用词旨在影响读者，使他们倾向某一特定观点。将以上句子与下面第一人称代词占主导地位的两段话进行对比，这两段话摘自《伊希斯》（*Isis*）——一本自然科学历史杂志。

几年前，我被一个问题困扰了好几天：为什么当我们照镜子时，左右颠倒了，上下却没有颠倒呢？

巴黎博物馆这一时期在科学上的卓越不凡让人想起了那个精妙的短语——"地点的力量"，珍妮特·布朗（Janet Browne）用它作为查尔斯·达尔文（Charles Darwin）传记第二卷的副标题。我认为这是一个能唤起人们切身感受的措辞。怀着对珍妮特·布朗的歉意，我想问一下，如果在地理短语的翻译中遗漏了什么，这个短语如何能帮助我们思考巴黎博物馆。

写作时坦率地发出个人声音——"我被……困扰""我认为这是一个能唤起人们切身感受的措辞"——表现出作者也是易犯错的、情绪化的个体。与文章中回避使用"我"的同行相比，他们的文章未必更加精妙、雄辩，其论证也未必更加充分，但是他们并没有企图把观点伪装成历史真相，因而给人感觉更加诚实可靠。

风格鉴赏

约翰·海耳布朗（John Heilbron）

也许尼尔斯·玻尔（Nielsy Bohr）最大的天
赋是他能够识别并利用理论中的失败。他会收集
失败的案例，仔细地检查每一个细节，并记住那
些对他而言似乎代表了相同错误的案例。然后，
他构想一个假说来纠正错误，使有缺陷的理论适
用于部分经验，但无论如何，对于这些经验，不
管是有缺陷的理论还是新的假说，因为它们彼此
互相抵触，所以都不可能解释全部现象。这种兼
顾两头的苦心设计，不仅造成是非混淆，还制造
了创造性的歧义。以这种方式工作，人们不仅需
要有创造性的天赋，还需要有心理准备和强大的
承受能力，能够应对各种模棱两可、不确定性和
矛盾。

科学史学家约翰·海耳布朗的写作风格——"没有自己，
只有史实"——为许多历史学者所青睐，他很少用到"我"
这个词，但却通过精心选择的动词（利用）、名词（天赋）、
形容词（最大的）和副词（仔细地）传达出作者在场的强烈

感觉和强大的说服力。他巧妙地而不是公然地促使读者转向他的观点——在上面这个例子中，物理学家尼尔斯·玻尔独有的科学天赋在于他欣然接受矛盾和失败的能力。

像所有优秀的科学作家一样，海耳布朗认识到用具体的语言表达抽象概念的重要性。他将失败的实例描述为可以收集、检验和保留的准物理实体，就像不寻常的岩石或稀有的生物标本一样。海耳布朗告诉我们，玻尔需要强大的承受力来处理那些令其他科学家感觉恶心的各种"模棱两可、不确定性和矛盾"。

那么，哪种模式更可取呢？就像大多数的文体风格问题一样，作者决定是否使用人称代词依然很大程度上是一个个人喜好的问题。所以，"正确"的选择是作者有意识地自主选择，并且需要贯彻始终和运用技巧。有些学者利用"我"或"我们"来建立一种刻意亲近的、谈话式的语气。

在颇受外国人欢迎同时又被如今青睐黄金的也门妇女鄙弃的银首饰中，我发现了一个玩具娃娃，我觉得它非常有趣，立即给它取名为"黑色罩袍芭比"。（人类学）

一些作者（尤其在合著现象普遍的自然科学和社会科学领域）会选择一种更为疏远的立场，使用主动语态和大量的代词，但并不试图与读者建立直接的联系。

> 我们从 3 种不同的样本材料中提取 DNA：血液、肝脏和粪便。此外，我们还使用了采自德国莱比锡动物园的 3 只西部大猩猩的血液样本和采自比利时安特卫普动物园的 1 只已故东部大猩猩的肝脏样本。（进化生物学）

另一些作者（特别是人文学科的作者）虽然精心撰写第三人称的文章，但是充满了主观意识和个人化表达。

> 殖民时期的新英格兰由一群非常有文化的人定居，他们长期享有美国历史学界当权派给予的特殊待遇。这里的每一寸土地都受到了严格的审查——至少传统观点是这样认为的。想想看，学者们只遗漏了大约 10 万平方英里的领地——沿海海洋及其海底，这些地形为 17 世纪和 18 世纪的当地村民所熟悉。这真是极具讽刺意味，因为沿海岸向海的这片区域是欧洲人侦察到的西北大西洋的第一个部

分。（历史学）

每种模式都有风格上的挑战。写作风格高度主观并采用第一人称的学者冒着让同行视为有失专业性且任性的风险。那些选择混合模式（第一人称代词加客观性表述或第三人称代词加主观性表述）的人必须解决他们的既有主观性同时又疏远客观立场的潜在的种种前后矛盾。最后，那些偏爱第三人称、非个人化风格的人需要反躬自问，压制个人定位是想要达到什么目的？特别是在他们的许多同行，包括研究科学家，现在都在使用第一人称代词的情形下。在大多数情况下，"迫不得已"的说法不是一个合理的理由。

巧合的是，我的500篇文章中含有人称代词的文章所占的百分比与我的100本高级学术写作指南图书样本中提倡使用人称代词的图书所占的百分比几乎一致（分别是78%和79%）。在我的样本中，所有的同行评议学术期刊都允许使用人称代词。然而，在每一个学科领域中，我也都发现了一些不提倡使用人称代词的实例，包括有些作者避免人称代词，有些写作指南不建议使用人称代词。这些看似矛盾的统计数据为我们提供了一种赋权和自由意志的信号：是否使用第一人称代词是一个个人选择问题。对使用第一人称代词感到不舒服的作家，如果他们愿意，可以只用第三人称撰写文章，即使是在第一人称代词使用最多的学科领域，如文学或哲学；与此同时，那些出于习惯、规定或恐惧而长期避免采用个人化表达的作者（可能因为很久以前他们的老师或导师告诉他们，人称代词听起来"不专业"或者"不学术"）可以放松下来，尝试使用"我"或"我们"。

对许多学术写作者来说，允许使用第一人称代词是一种极大的解脱。对大多数人来说，用第一人称谈及我们的行为（"我认为""我们发现"）是自然而然的；相比之下，压制我们的个人定位则需要在句法上花费大量精力和巧思独创。大多数学者出版著作和发表文章是因为希望在某种程度上改变读者的思想：我们希望同行接受我们数据的有效性，确认我们方法的有用性，以新的方式理解文学文本、历史事件、哲学问题或法律争议。如果禁止个人化表达，就会有破坏我们作为研究者的初衷的风险。我们的目的是通过尽可能最有效和最具说服力的方式向我们的目标读者传播新的知识，从而促进变革。

实际上，对读者的关注是所有优美的学术写作的一个隐性的但必不可少的基本因素。与读者建立联系的一种简单方法是使用第二人称代词"你"，要么直接使用，要么通过使用祈使动词。哲学家和数学家都特别青睐这种方法。

回想一下你的父母把你带到这个世界上的决定。（哲学）

想一想，一家拥有多个商店和仓库的大型零售连锁公司每天从仓库订购产品，并从仓库发货至商店以补充库存。（计算机科学）

然而，学者还可以找到许多其他的方法，做出交谈的姿态，竖起耳朵认真倾听回答。你可以想象，你写作的时候有个人在你身后从肩膀上方看着——一个同事、出租车司机、好奇的中学生——并且你要回答想象中的他们提出的各种问题。彼得·埃尔伯（Peter Elbow）强烈主张用一种更为直接的方式——"你必须走到读者面前说：'我们骑车去兜风吧。你踩踏板，我来握方向盘。'"当然，没有任何作家可以指望每次都能与所有读者建立起联系，或能预见到每一个可能的回应。尽管如此，最能抓住人的作家几乎无一例外地密切关注现实生活中的人——专家和非专家、同事和陌生人——他们自己的话语会回响在这些人的耳朵里。

风格鉴赏

露丝·贝哈（Ruth Behar）

在 20 世纪的大部分时间里，在学术领域，从文学批评到人类学，再到法学，写作的主流范

式一直提倡距离感、客观性和抽象化。最严重的
罪过是"过于个人化"。但如果你是一个非裔美
国法律学者，正在写关于合同法的历史，那么你
就会发现，正如帕特里夏·威廉姆斯（Patricia
Williams）在她的《种族和权利的魔力》（*The
Alchemy of Race and Rights*）一书中所讲述的，看
到把你自己的曾曾祖母卖给一位白人律师的契据，
那种苦涩的感觉无疑给"事实"带来一种紧迫感
和辛酸。这削弱了契据作为一种抽象的、客观的
法律文件的概念，促使我们思考法律的普遍性和
属于所有人的正义追求。

在无可争辩地呼吁学术写作要敢于说"我"的文章中，
人类学家露丝·贝哈敢于说"你"。贝哈不是用第三人称
代词"她"来叙述法律学者帕特里夏·威廉姆斯（Patricia
Williams）的故事，而是用"我们"。她把"我们"直截了当、
也许不那么舒服地放在威廉姆斯本人的位置上："如果你是
一个非裔美国法律学者……你就会发现……"贝哈的语气既
是谈话式的，又是对抗性的：她希望我们站在她的一边，但
她还想动摇一下我们的立场。

贝哈热情地倡导学术文章应该充满激情，在《脆弱的观察者：让你心碎的人类学》（*The Vulnerable Observer: Anthropology That Breaks Your Heart*）一书中，她再次使用了第二人称代词。

> 你写作的时候感情脆弱，读者的反应也会感情脆弱……你叫它多愁善感也好，叫它 19 世纪的维多利亚风格也罢，但我认为，不让你心碎的人类学简直不值得再研究。

为了挑战将客观性凌驾于人的情感之上的人种学的规范，贝哈加入了一支很长的人类学家的队伍，对他们的学科进行深刻的审视。贝哈指出："要能够娴熟地以鲜明的个人风格著述，需要培训和练习。" 她自己的著作就是鲜活的例证。

有益的尝试

➤ 选择一篇你自己写的文章，并根据表 4.1 对它进行评分。在每一栏（A、B、C、D）中圈中一项。

表 4.1   文章中的变量举例

序号	A（代词）	B（观点）	C（思维方式）	D（语体）
1	我 / 我们	个人化的	主观的	非正式
2	没有 / 我们	非个人化的	客观的	正式

如果你改变其中一个或两个变量，会发生什么？例如，如果你通常以第三人称、个人化的、客观的、正式的方式著述，现在你引入"我"或"我们"，然后看看你对结果的感觉如何。

➤ 见机行事，灵活使用。例如，你可以用直接鼓励读者的方法写段落的开头，或者加一个对话式的插入语。即使第二人称代词在日常写作中听起来不太正式，你也可以在你特别需要与听众建立融洽关系的场合（如会议演示、公开演讲），准备随时运用这个技巧，就像魔术师一直把道具藏在袖子里一样。

➤ 写下至少 5 个真实的人的名字，并把这个列表输入你的电脑里。列表中应包括：

◎ 一位你所在领域里的顶级专家（你非常想给对方留下深刻印象的人）；

◎ 一位你所在学科中与你关系密切的同行（此人能对你的作品给予公正而诚实的评价）；

◎ 一位你所在学科之外的学术界同人；

◎ 一位你所在学科之中的本科高年级学生；

◎ 一位非学术界的朋友、亲戚或邻居。

大声朗读你的文章，试着想象每个人对你的文字的反应。由于学科和背景情况不同，你大可不必希望以一种所有读者都能理解的方式来写作。然而，你可以思考一下每个人对你的文字能够理解到什么程度，这是一个很有趣的练习，例如，那位本科高年级学生能理解你文章的第一段、你的摘要、你的标题吗？

第五章　高明的遣词造句

　　一个精心构思的句子就像是一把舒适的摇椅，随时欢迎它的读者落座，也像是一座吊桥，载着它的读者跨越峡谷，还像是一根精工细作的手杖，帮助读者在地形复杂的原野上穿行。相反，一个拙劣的或未经雕琢的句子更像是扔进河里的不成形的原木：它能否帮助你抵达彼岸取决于当前的水流有多湍急以及你愿意用多少力气踢打河水。有时候，学术性文本的读者的确必须非常用力地打水。

These deconstructive and theorising inputs to the conversation are less about finding out how to better（i.e. more effectively）succumb to neo-liberal or economic rationalist discourses of effectiveness and completion, and more about critically exploring, for example, how those discourses may be operative and regulatory, what they make possible and impossible, and how they compete with other available discourses about the course and purpose of postgraduate research and supervision. [Higher Education]

对这些谈话的解构和理论化的投入与其说是为了弄清楚如何更好地（例如更有效地）遵循新自由主义者或经济理性主义者关于有效性和完整性的著述，不如说是为了批判性地探索。例如，这些话语是如何运作和规范的、它们使什么成为可能和不可能，以及它们是如何与其他关于硕博阶段的研究和指导的过程和目的的现有著述一竞高低的。（高等教育）

那么，这个句子有什么问题呢？是不是就像人们很有可能看到的漂浮在学术界水域上的一根凹凸不平的原木？句子的开头没有明确行为者，语法结构上的主语是一个抽象名词（inputs），由一个软弱无骨、不表达明确动作的系动词（are）连接。如果用理查德·A.拉纳姆（Richard A. Lanham）的经典问题"谁在踢谁？（Who's kicking whom?）"设问，我们可以推断出（当然要费一番功夫）这个句子描述了高等教育领域学者的文风。然而，句子中的"人"依然神秘地缺席。遍布整个句子的许多名词（inputs, conversation, discourses, effectiveness, completion, course, purpose, research, supervision）都是完全抽象的，连同着同样抽象的形容词（deconstructive, theorizing, neo-liberal）和被串在一起的介词（to, about, of, for, with, ），把读者的注意力从一个方向迅速带往另一个方向。值得庆幸的是，这个句子有几个主动语态的动词（compete, find out, succumb, explore），然而，作者始终没有告诉我们，谁将行使 succumb 和 explore 之职。这样一个"疾病缠身"的句子还能挽救吗？答案很可能是"不能"。作者最好从头再来，创作以真实的人（研究生导师、话语分析师）而不是"deconstructive and theorising inputs"为核心的更加强大、精炼的句子。

因为不同的原因（智力超群、幽默风趣、个性化表达或较高描述水平）被同行视为文笔优美的学者无一例外地都是执着于精心创作的人。他们所写的句子在长度、主题和风格上可能皆不相同，然而，他们的写作总是受到三个重要原则的影响，并且任何写作者都可以学习并掌握这三个原则：第一，他们使用大量的具体名词和生动活泼的动词，尤其在讨论抽象概念时；第二，他们把名词和动词安排得很近，这样读者就可以很容易地辨识出"谁在踢谁？"；第三，他们避免使用无关的词、短语或者"东扯西拉"的方式，以免拖垮整个句子。文笔优美的学术写作者非但不会回避理论的复杂性和句法的精雕细琢，还将这三个核心原则运用于雄辩的表达和复杂的思想之中。

风格鉴赏

吉莉安·比尔（Gillian Beer）

> 大多数重要的科学理论都颠覆了我们的常识。它们需要超出我们感官范围的证据，颠覆了我们对这个可观察世界的认知；它们干扰了各种假定关系，把原本实质性的东西转变成了象征性的东西。
>
> 地球现在只是看起来静止不动。第一次接触这个重要理论的人会感到愤怒、被冒犯和刺激，尽管在大约 50 年后，这一理论会被认为是理所当然的、显而易见的，是常识般的信念体系的一部分。这一常识告诉我们，地球围绕着太阳旋转，无论我们的眼睛看到的是什么。

学术写作者常常认为，抽象思维需要使用抽象的语言。文学历史学家吉莉安·比尔坚定地认为，应该抛弃这一误解。

她的著作《达尔文的密谋》（*Darwin's Plots*）研究了19世纪自然科学与文学之间的关系。在这本书的开篇首段，她描述了科学理论是如何否定、需要、颠覆、干扰和转变其他形式的思考的。比尔在上面这段话里集中使用了大量的抽象名词（理论、常识、证据、认知、假定关系、信体系念），但是又注意用感官体验来平衡这些抽象名词（"超出我们感官范围的""可观察世界的""地球现在只是看起来静止不动""无论我们的眼睛看到的是什么"）。她的文章帮助我们了解了思想和理论是如何发挥能量、承担职责以及有了自己生命的。

比尔对文体风格的关注还体现在她文章的结构和节奏上。她以一个简短而紧凑的句子开始这个段落，其后接着两个稍长一点的句子和另一个非常简短的句子。然后，就在我们逐渐习惯了她那几乎是断了音的短句节奏时，她抛出一个长而曲折的句子，这需要我们换一种全然不同的方式加以关注。

只是偶尔，比尔也会失去准星，陷入标准的学院派文章的窠臼："在这项研究中，我将会探讨一直以来小说家同化和抵制进化理论的一些方法，他们采取微妙的叙述性记录方法，对其影响范围进行评估。"这说明即使是最时尚的作家也会有"净写糟糕的句子"的一天。

　　在文风优美的写作者的工具箱中，具体的语言无疑是一个最具价值的工具。当读者遇到一个主要由具体名词组成的句子时，他们能够立即将其所言的事物、动作和关系形象化。哲学家奎迈·安东尼·阿皮亚(Kwame Anthony Appiah)通过描写一个穿越时空的婴儿来阐明人类状况的普遍性时所运用的语言就是如此。

　　　　如果一个出生在 4 万年前的女婴被一个时间旅行者绑架到现代并在纽约的一个普通家庭里被抚养长大，那么 18 年后她就该上大学了。她会学英语（谁知道呢？也许是西班牙语或汉语），懂三角学，喜欢棒球和流行音乐。

　　相比之下，一个基本上由抽象名词组成的句子不能为我们提供具体有形、可以触摸并抓住的东西，也就是说，句子中没有我们在头脑的想象中能够将之放置于物理空间的人或事物。
　　文风优美的写作者有时将抽象名词搭配动态动词，把抽象无形的概念变得生动形象。

　　　　实质性的差异也潜伏在这种混乱之中。

> 游戏，就像睡觉和做梦一样，让生物学家感
> 到既困惑又着迷。

在这两个分别由哲学家丹尼尔·丹尼特（Daniel
Dennett）和文学学者布赖恩·博伊德（Brian Boyd）所写的
生动活泼的句子中，"差异"和"游戏"行使的功能，就像活
生生的人一样，他们有实实在在的身体存在（"潜伏"）和情
感的代理（"困惑"和"着迷"）。然而，许多学者很少考虑
他们的动词，而是青睐一些预见性的学术动词，如分析、展示、
检查和思考，以及 be 动词的各种变化形式（is, am, are, was,
were, been）：

Although standard statistical methods are available
for incorporating measurement error and other sources of
variation, they are not commonly applied, and they have
rarely been considered in the context of phylogenetic
statistics in which trait values are correlated among related
species. [Evolutionary Biology]

虽然标准的统计方法可以用于合并测量误差
和其他引起变异源的数据，但它们并不普遍适用，

而且很少在系统发育统计学的背景下考虑使用它们。在系统发育统计中，性状值在相关物种之间是关联的。（进化生物学）

这篇演化生物学文章的作者把 3 个抽象动词（apply、consider、correlate）与一系列的 be 动词（are、are、been、are）连接在一起，这样就产生了一个被动式措辞的句子。在这个句子中，我们实际上从未发现谁在做（或没有做）所有这些事情。将这个乏善可陈的句子与来自同一期刊的另一篇文章进行比较。

Insects suck, chew, parasitize, bore, store, and even cultivate their foods to a highly sophisticated degree of specialization. [Evolutionary Biology]

昆虫吸吮、咀嚼、寄生、挖洞、储存，甚至将它们的食物培育到高度复杂的专业化程度。（进化生物学）

该作者用一个具体的名词（insects）和一系列同样具体的动词（suck、chew、parasitize、bore、store、cultivate）直截了当地吸引了我们的注意力，让我们确切无疑地知道"谁在踢谁？"。

从医学到文学理论，在几乎所有的学科中，抽象名词都会拖累研究者的文风。所有的学术研究都涉及抽象思维，当然，很自然地我们也通过抽象语言表达我们的抽象思维。但当我们满纸都是抽象名词，甚至在描述具体事物的行为和属性的句子中都充满抽象名词时，问题就出现了。

According to De Man, the robustness of this incoherence, the failure of the sublime to secure an exit from skepticism through philosophical argument, indicates that Kant's analysis relies on rhetorical sleight of hand. [Literary Studies]

根据德曼（De Man）的观点，这种不连贯的稳健性，通过哲学论证也无法从怀疑论中获得脱身，表明康德（Kant）的分析依赖于修辞上的熟练手法。（文学研究）

The original objective of the sanitation project, known as Bahia Azul or Blue Bay, was the control of marine pollution, which was largely caused by the discharge of domestic waste water. [Medicine]

被称为巴伊亚·阿祖尔（Bahia Azul）或蓝色
海湾（Blue Bay）的卫生项目，其最初的目标是控
制主要由生活污水排放造成的海洋污染。（医学）

作为读者，我们不得不艰难地在这两个句子中寻找行为者
和行为，虽然每个句子都包括两个专有名词（德曼、康德、巴伊
亚·阿祖尔、蓝色海湾）和一个具体名词（手、水）。在这两个
句子中，语法结构上的主语都是一个抽象名词，它在句中的位
置距离它的伴生动词很远：在第一个句子中，主语 the robustness
这个抽象名词与它的谓语动词 indicates 之间有 17 个单词；第二
个句子的主语 objective 与其动词 was 之间相隔了 11 个单词。作
者们在这里到底想说些什么呢？实际上很简单，第一个句子的
核心思想是"德曼论证了康德依靠的是修辞上的熟练手法"。
第二句要表达的是"我们设计了控制海洋污染的卫生项目"。

风格鉴赏

安妮·萨尔蒙德（Anne Salmond）

当"海豚"号船抵达塔希提岛（Tahiti）时，

该岛被"发现",岛上的居民进入了欧洲的历史。然而,同样地,欧洲人也进入了塔希提的历史。这些历史纠缠在了一起。沃利斯(Wallis)在寻找未知的南方大陆,希望将它的海岸线标注在世界地图上。而塔希提岛人则认为,"海豚"号是一个漂浮的岛屿,或者可能是来自人类祖先领地的一艘船。

在一篇标题本身就表达了平衡观点的文章(《他们的身体是独特的,我们的身体是独特的:18世纪的欧洲航海家和塔希提航海家》)中,人类学家安妮·萨尔蒙德优雅地徘徊在欧洲人和塔希提岛人关于"发现"塔希提岛这一问题上所持的不同观点之间。通过谨慎、平衡的句子,她给双方以平等的对待:"岛上的居民进入了欧洲的历史""欧洲人也进入了塔希提的历史",并对他们的信仰和观念给予同等的分量:"沃利斯(Wallis)在寻找未知的南方大陆""塔希提岛人则认为,'海豚'号是一个漂浮的岛屿"。

萨尔蒙德的句子非常简洁,由动词主导,充满了具体的细节。

在陌生的水域,一个娴熟老练的航海员可以

通过长时间地研究海面情况来辨别并命名新的海浪，并把恒星的序列、风向和洋流模式以及其他很多航海信息熟记于心，以备返航。在这样的探险中，这位航海员要尽可能地少睡觉，因为他需要不停地扫视大海和夜空，观察陆地上的云和归巢的鸟儿。据说，你总能通过一双充血的眼睛辨认出谁是杰出的航海员。

她用通俗易懂、简洁明快的语言表现出了航海员工作的异乎寻常、纷繁复杂，他们不仅要懂得很多的物理知识（水域、海浪、恒星的序列、风向、洋流模式、夜空、陆地上的云、归巢的鸟儿），还要运用能力（辨别、命名、扫视）来解释他们发现的情况。萨尔蒙德对欧洲人和波利尼西亚塔希提岛人的航海专业能力的描述持一碗水端平的态度，她自称要"公正对待这些工作的复杂和多面的动态变化"，而且她深受这一追求的影响和鼓舞。

杂乱无章是讲究文风的学术写作者的死敌，所有那些没有关联又妨碍句子意义的词汇和短语都是杂乱无章的典型代表，无论是通过将名词和动词分割开，还是以其他方式妨碍读者。最常见的导致杂乱无章的是介词（"of, by, to, through"等小的连接词）的使用。在一个精心撰写的句子中，介词为句子提供了生动的表达和方向性。

The backbone of this system was a chain of command which ran from the monarch; to the department of government which drafted the instructions which guided the voyage, selected the ship and appointed its crews; to the captain, who had supreme command of the ship, within his orders and a strict set of naval conventions; to the officers and the petty officers; and down to the ordinary sailors.

这个体系的支柱是一连串由君主下达的指挥命令；命令传至负责起草指导航行的指示、选定船只、指派船员的政府部门；传至在其命令和一套严格的海军公约范围内对这艘船拥有最高指挥权的船长；传至军官和士官；往下直至普通水手。

然而，作者常常用介词将抽象名词串在一起，形成长长的句子。

This conceptual distinction between anticipatory and consummatory pleasure is supported by evidence from functional magnetic resonance imaging studies of healthy individuals, which has differentiated the relative role of brain regions involved in anticipation of a future reward （nucleus accumbens） in contrast with consumption of rewards （prefrontal cortex）. [Psychology]

对健康个体进行的功能磁共振成像研究证实了期待性愉快体验（anticipatory pleasure）和消费性愉快体验（consummatory pleasure）之间概念上的区别。这一研究区分了参与预期对未来回报（伏隔核 nucleus accumbens）和与之形成对比的消费奖励（前额皮质 prefrontal cortex）的不同大脑区域的相对作用。（心理学）

在人类学家安妮·萨尔蒙德的这两段摘录的第一个摘录里，介词阐明了关系；在其第二个摘录里，介词模糊了关系，让读者从一团乱麻的观点中读取作者的意思（谁在踢谁？）。

形容词和副词会给讲究文风的学术文章增加色彩和风趣。然而，像介词一样，它们有时也会导致混乱。

In the first part of this essay, I reexamine the trajectory of thinking from Lamarck to Mendel and beyond in the revivifying light of an additional premise: that scientific paradigms were used in creative ways by ostensibly empirical evolutionary scientists in the absence of clinching verifiable evidence————a process that would reach its apogee with the exposure of Paul Kammerer's Lamarckian toad hoax. [Literary Studies]

在本文的第一部分，我重新审视了从拉马克（Lamarck）到孟德尔（Mendel）以及之后其他人的思考轨迹，从另外一个可以起死回生的前提来看，这些科学范式在缺乏强有力的、经得起验证的证据的情况下，被表面上经验主义的进化科学家以创造性的方式加以利用，但这一过程将会随着保罗·卡默勒（Paul Kammerer）的拉马克式蟾蜍骗局的暴露而达到顶峰。（文学研究）

这篇文章的作者把一个又一个描述性形容词（revivifying, additional, scientific, creative, empirical, evolutionary, clinching, verifiable, Lamarckian）毫不犹豫地写进一个已经很长且很复

杂的句子中，这个句子引出的问题比它回答的问题还多。证据
（evidence）这个词帮助我们形成结论或判断，真的需要再使
用"强有力的（clinching）"和"可验证的（verifiable）"这
两个词来凸显它的意思吗？我们越是用力地、不停地拉扯这
个句子里各种相互关联的线索，就越清楚地看到它暴露了本
章中所概括的所有常见问题：预见性的学术动词（reexamine,
use, reach）、过多的抽象名词（trajectory, thinking, premise,
paradigms, ways, absence, evidence, process, apogee, exposure,
hoax），以及长串的介词短语让我们看不到文章的中心思想。

其他导致混乱的词语还有它（it）、这个（this）、那个
（that）、那里（there），这 4 个非常有用的小词在每个讲究
文风的写作者的常用词库中都占有一席之地。但是，如果随随
便便或过度地使用它们，你可能会把意思搞得模糊混乱而不是
清晰明了。来看下面这句话：

It is now generally understood that constraints play
an important role in common sense moral thinking and
generally accepted that they cannot be accommodated by
ordinary, traditional consequentialism. [Philosophy]

它是现在人们普遍理解的，即约束在一般意

义上的道德思考中发挥着重要的作用。同时，它
是现在人们普遍认为的，这样的约束不能被普通
的、传统的后果论所容纳。（哲学）

这篇文章的作者用形式主语它（it）和被动语态的句子，
对其他人（或至少其他哲学家）所持有的思想和信念给出了概
括性的论述："它是现在人们普遍理解的（It is now generally
understood that……）""它是人们普遍认为的（It is now
generally accepted that……）"。

风格鉴赏

詹姆斯·韦伯斯特（James Webster）

小调模式在每一首音乐里都有不同的色调：
《告别》（Farewell）里的野性不羁，四重奏中的
激情四射，三重奏中的文雅优美。光是三种不同
的结局——空灵、悲剧、忧郁——足以证明一点。
值得重复的是，海顿（Haydn）永远不会重复自己。

音乐历史学家詹姆斯·韦伯斯特把音乐的乐章转变成
富于激情的叙事，把交响乐变成故事。在他对海顿的《告别》

（*Farewell*）交响曲的经典长篇研究中，他让自己的语言达到抒发情感的水平，他调动一个又一个的形容词来形象地说明海顿的小调模式的情感力量。

韦伯斯特对一个好故事所产生的力量很敏感，他经常用人类的冒险故事和弱点来构建他的音乐分析。

> 每个音乐爱好者都知道海顿的《告别》（*Farewell*）交响曲的故事。每年，艾斯特哈齐宫廷的人都会到尼古拉斯王子（Prince Nicolaus）的崭新的、华丽的、遥远的夏季城堡"艾斯特哈扎"度过温暖的季节。

韦伯斯特在描述海顿在艾斯特哈扎的逗留时，组织了一系列的形容词（崭新的、华丽的、遥远的、温暖的）。韦伯斯特对音乐风格的微妙之处给予了非常细致的关注，他不断地改变文章风格以实现他的最终目的。

一个细心的读者能够推断出句子中的这个（this）和它（it）用于指代复杂的某事物。但是我们为什么非得让读者这么辛苦呢？让句子的意思清楚明了难道不是作者而非读者的职责吗？

一个通常不大起眼的词就会导致杂乱，如它（it）、这个（this）、那个（that）、be动词和其他一些类似的词语。在作为关系代词的语法功能中，关联词that常常助推作家频繁使用从句，在这个过程中，使得名词与动词分隔开来，致使句子中的文字超载。

In a series of important papers, John Broome has argued that the only sense of "should" at work here is the one that we use in saying what there is most reason, or decisive reason, to do and that the apparent contradiction in the example is removed when we make appropriate distinctions of scope. [Philosophy]

在一系列重要的论文中，约翰·布鲁姆（John Broome）坚持认为，"应该（should）"一词唯一起作用的意思是，我们用它来表示有最充分的理由或决定性的理由去做什么，以及当我们进行恰当的范围区分时，要除去例子中明显的矛盾。（哲学）

在上面例子里的一个单个句子中，关联词that出现了3次，两次是做了同一个并列结构的组成部分（"John Broome has argued that… and that…"），一次作为插入从句的一部分（"the one that we use…"）。一个细心的文体学家会重新措辞或去掉后者（插入从句），因为它妨碍了另外一个并列的 that 从句。

　　请注意，以上所有例句都是摘自哲学期刊最近发表的文章。在其文章的句子中塞满了它（it）、这个（this）、那个（that）、那里（there）的学术写作者绝不只有哲学学者。但是，平均而言，哲学学者使用这 4 个词的频率远远高于其他学科的学者——这一统计数据有助于解释为什么许多非哲学领域的人认为哲学文章冗长、晦涩、难以阅读。在我所采用的来自 10 个不同学科的同行评议出版物的数据样本中，在样本文章的头一千个词（不包括引语和引文）中，它（it）、这个（this）、那个（that）、那里（there）出现 40 个或更多的文章所占比例从医学领域的 0% 到心理学领域的 30% 不等。在哲学领域，这个数字是 65%，是占比排名第二的学科领域的两倍多。那么，是哲学论文有什么特殊要求使得哲学家必须以这种刻板僵硬、冗长乏味的方式来写作吗？在美国多学科同行评审小组的一项研究中，社会学家米歇尔·拉蒙特（Michele Lamont）发现，哲学家倾向于认为自己的领域"要求之高无与伦比"，而来自其他学科的同行则评论说："哲学学者与其他人文学科的学者生活在两个完全不同的世界。"而且，"哲学学者所做的事情与现实脱节、没有价值、自以为是"。那些渴望与非专业人士（学生、公众）以及那些身份极其重要的多学科评审小组的学者进行交流的人可以从解决自身使用它（it）、这个（this）、那个（that）、那里（there）的癖好开始纠正自己的文风。

当然，本章所概述的任何一条"高明的遣词造句"原则都可以为了达到修辞效果而被暂且搁置。写讣告时作者就懂得增加语言的戏剧性，把主语与其伴生动词远远隔开。请看下面这个句子：

> J.D. 塞林格（J.D. Salinger）曾被认为是二战以来最重要的美国作家，但后来他拒绝成功和被追捧，成为文学界的嘉宝①，而且他以不愿出名而闻名退迹。在一个星期三，他在康沃尔郡的家中故去，在那里他隐居生活了50多年。

同样地，文风优美的学术写作者也经常玩文字游戏：他们会变换自己的词汇，混合句法结构，在短句和长句之间来回切换。有时，被动结构甚至也被允许进入他们的文章。他们不

---

① 葛丽泰·嘉宝（Greta Garbo），瑞典籍好莱坞电影演员，曾主演电影《茶花女》和《安娜·卡列尼娜》。

遵循固定的公式或规则，但他们也不会把语法和一致性抛到九霄云外。无论他们选择何种文体，他们总是让读者觉得著述中的每个字都很重要。

有益的尝试

➢ 有一个有意思的方法可以深入了解一段乏味无趣的文字中的问题究竟出在哪里——登录"作家规范食谱网（Writer's Diet Web）"（http://www. writersdiet.com），把你所写文章的样本（最多 1000 个单词）粘贴到 "作家规范食谱网" 在线测试上，这是一个免费的诊断工具，用来判断你的句子是"冗词赘句的，还是言简意赅的"。这个测试会自动、显著地标出在 5 个语法类别中通常与枯燥乏味的学术文章有关联的词汇，例如，be 动词、名词化词语、介词、形容词 / 副词，以及它（it）、这个（this）、那个（that）、那里（there），并且明确指出这些词出现的次数是否异常地多。在你测试了三到四个写作样本后，你就会认识到自己独特的用词模式，例如，偏爱抽象词语（喜欢使用太多像海绵一样疏松而富有弹性的抽象名词），或者倾向于每个句子都用这个（this）来开头。

➢ 使用主动语态的、独特的动词，以生动的动词（摇摆、躲避、伪装）给句子注入活力，与只包含各种形式的 be 动词（"该实验过去是"）和预见性的学术动词（"这个命题表明"）的句子相比，生动的动词能更有效地向读者传递思想。

➤ 找出你文章中所有的被动语态动词结构，例如被表示为、可以显示为、受影响。被动结构可以被时尚作家使用，有几个被动语态的短语可以制造受人欢迎的句法多样性。然而，一个段落里有太多的被动结构，就会导致缺乏施事者，进而使文章死气沉沉，有种毫无生气的语言风格。

➤ 如果你像大多数学术写作者一样，你的写作样本可能包含很高比例的名词化词语，这些词语是抽象名词。为了减少它们令人厌倦的效果，你需要：

◎ 确保每个段落至少有一个句子包含一个具体名词或一个人的实体作为主语，紧随其后的是一个主动语态的动词，例如"梅洛－庞蒂认为""学生们相信""国际银行竞争"等。

◎ 用主动语态的动词使抽象名词获得生命力。

◎ 减少介词短语，尤其是那些把长串的抽象名词串在一起的介词短语。当难以割舍时，将介词短语的数量限制在一行里不超过 3 个。

◎ 在可能的情况下，用具体的例子解释抽象概念。

➤ 测量名词及其伴生动词之间的距离。当施事者和行为之间有超过 12 个词，读者会很快失去线索。在理想情况下，一个名词及其伴生动词应该迅速组成强大的组合，措辞要中肯，直击要害。

➤ 如果你的弱点在于形容词和副词的使用，你就该问问自己是否所有这些形容词和副词都真的需要保留。你能通过使用具体的名词和生动的动词的方式来达到同样的表达效果吗？

➤ 你的文章过于依赖它（it）、这个（this）、那个（that），和那里（there）吗？如果是这样的话，下次你写新的东西，试着坚持以下原则：

◎ 只有在跟着一个修饰性名词时，才使用"这个"（this），例如，"这个论证表明"而不用"这表明"。作家经常不知不觉地把"这个"（this）塞进他们的句子里，结果导致不能清晰地表述他们的想法。

◎ 只有在"它"（it）的指称对象，即"它"（it）指的这个名词极其清楚时，才能使用"它"（it）。例如，在句子"那个女人把灯从窗户扔了出去，把它打碎了。"里，那个女人打碎了什么，台灯还是窗户？当然是台灯！

◎ 避免在一个句子中使用关联词 that 超过一次或在一个段落里使用关联词 that 超过三次，除非在一个平行结构里或为了风格上的效果。

◎ 少用那里（there）这个词。你完全有理由偶尔使用那里（there）。但是，无论那里（there）在哪里，像这个（this）、关联词 that、它（it）、是（is）这样的词往往就会聚集在它附近。例如，"There are a number of studies that show that this is a bad idea because it…"（有很多研究表明这是一个坏主意，因为它……）。

你是否觉得所有这些编辑的润色和调整既费力又费时？请记住：只有讲究文风的写作者花时间和精力来优化他的每一个句子，他的读者才不需要费这个心力！

第六章　诱人的标题

就像头上的帽子或房子的前门一样，学术文章的标题能给人留下强烈的第一印象。标题是平淡无奇、专业性强、直截了当的吗？如果是，这个作者的主要目的是尽可能高效地传达研究数据。标题包含晦涩难懂的学科术语吗？也许这个作者在潜意识中希望给我们留下深刻的印象，不管是借助共同的专业知识（"你和我是一家专属俱乐部的成员"），还是提醒我们的无知（"如果你连我的标题都不懂，就不要再往下看了"）。标题好玩、有趣、刺激吗？我就知道有这样一位作家，他努力想要博取我们的眼球，吸引我们的兴趣，引导我们阅读。然而，在许多学科中，这样的做法违背了学术本质，甚至还隐藏一个重大的风险：一个"博人眼球"的标题很可能被同行认为是轻率的和有失学术性的。

几年前，我参加了一个高等教育研讨会，会上有一个演讲，题目是《评估电子学习指导方针实施项目：要素和过程评估》（*Evaluating the E-learning Guidelines Implementation Project: Formative and Process Evaluations*）。与此同时，会上还有另一个演讲，题目是《朝马歇尔·麦克卢汉"扔一只羊"》（*"Throwing a Sheep" at Marshall McLuhan*）。猜猜哪个演讲吸引了更多的听众？"扔一只羊"是在大众社交网站"脸书"上吸引人们注意力的一种方法；马歇尔·麦克卢汉是著名的教育家和媒体理论家，他曾提出了"地球村"和"媒介即信息"这些著名概念。高等教育研讨会上的代表可以合理地推测，一个含有"扔一只羊"和"马歇尔·麦克卢汉"这两个内容的演讲将会探讨社交网络网站在大学教学和学习中的作用。这一期待在会议的资讯材料中得到了证实：一段生动的摘要清楚地说明了这个演讲的主要论点，进一步暗示这位作者超级喜欢引用学生常用的丰富多彩的网络词汇［"折磨（pinch）、异想天开（moon）、未弹即踢（drop kick）、飞跑（spank）、戳（poke）"］，资讯材料还针对教育者和教育理论家的预期听众提出了一系列的问题。

"扔一只羊"的例子说明了副文本（paratext）在学术标题中的重要功能。副文本被文学理论家热拉尔·热奈特（Gérard Genette）描述为"文本与非文本"之间的转换和穿插区，包括与文本相伴或文本之外的所有材料，例如，一本书的封面、出版商撰写的封面上的内容简介、作者的姓名、序言、献词、版面设计、插图。标题既属于文本，也属于副文本；它们决定了我们阅读的方向，但也受到其他副文本元素的影响。在"扔一只羊"这个演讲中，在会议资讯中纳入一个详细的摘要，使得演讲者能够自由地策划一个有趣好玩但又让人费解的标题，并确保人们在其他地方可以很容易地获得关于该演讲的更多信息。此外，会议的标题——"高等教育研究"——为与会者提供了另外的副文本线索。在一个高等教育研讨会上，代表们会很自然地期望所有的演讲都是要讨论高等教育研究各方面问题的。因此，演讲者没有必要添加一个沉闷乏味的、含有"高等教育研究"字样的解释性副标题。

对副文本的作用起到补充的是标题的潜文本（subtext），即标题字面意义背后的含义、潜台词，它包含没有用字词直接表达但能够被细心的读者推断出来的信息。《朝马歇尔·麦克卢汉"扔一只羊"》这个演讲题目背后的潜文本读起来可能是这样的："我是那种喜欢娱乐和吸引听众的学者。本次演讲会有趣好玩，绝不会单调乏味。你可以期待我会使用很多的具体事例和直观的插图。"当然，演讲是否能不辜负这些期望是另一个问题，讲究文风的写作者需要把该问题作为确立标题的过程中需要加以认真考虑的问题。如果你经营一家简朴的旅馆，你也许不应该用华丽的前门来为它做广告宣传。

关注副文本和潜文本能够帮助学术写作者更加深思熟虑地、在某些情况下更大胆地决定用什么标题。一位科学家向专业同行展示新的研究成果时可能会选择使用充斥着专业性术语、严肃而功能性强的标题（潜文本："你可以相信我的研究结论，因为我的研究是按照最高科学标准进行的"）。然而，当这位科学家受邀参加面向普通大众的大学系列讲座时，他会面临更广泛的选择，相应地也会有更多种可能的潜文本。他用的标题可以是纯粹信息性的，以清晰而简单的词语描述演讲的话题（潜文本："我的演讲会信息量很大，内容清楚易懂，但可能很枯燥乏味"）；它可以是充斥着科学术语的（潜文本："你必须非常努力地思考才能理解我所讲的内容"）；它可以是有趣好玩的（潜文本："我想给你提供娱乐"），或引发争议的（潜文本："我想让你思考"）。每一种选择都是益处和风险俱在；对一个读者有吸引力的潜文本却很容易让另一个读者感觉无趣。大多数在校本科生都能很快学会绕开这种风格上的两难选择：最安全的标题是他们的老师赞许的那个。同样地，正在写论文的在校研究生知道，他们只需要满足几个读者就可以了（潜文本："我现在很了解你们，我知道游戏规则，请准许我成为你们学科的成员"）。然而，随着一个学术写作者的潜在读者群不断扩大，选择的范围也在不断扩大。

风格鉴赏

奥立弗·萨克斯（Oliver Sacks）

> 对于我的一位患有深度帕金森脑炎后遗症患者弗朗西斯·D.（Frances D.）而言，音乐的强大作用堪比任何药物。有一分钟，我看到她缩成一团，紧抱身体，像被死死束缚住，或者还断断续续、颠颤地说着什么，声音急促含糊，滴答作响，有点像一颗人体定时炸弹。而下一分钟，如果我们为她演奏一首音乐，所有这些爆发性的阻碍现象就会消失，取而代之的是乐而忘忧的安心和协调舒缓的动作，弗朗西斯夫人像突然摆脱了无意识的行为，她会微笑着"指挥"音乐，或者站起身随着音乐翩翩起舞。但是音乐必须是连奏流畅的，对她而言这非常重要，因为不连贯的打击乐可能会产生一种奇怪的反作用，导致她像一只机械娃娃或木偶一样，随着鼓点无法控制地惊跳和颤动。

神经病学专家奥立弗·萨克斯为《大脑》（*Brain*）杂志撰写了一篇文章，文章讲到音乐具有像药物一样的功效，能令大脑镇静或激动。文章表现出一位临床医生的语言准确

性（"深度帕金森脑炎后遗症患者""爆发性的阻碍现象"），
一个讲故事的人对人物的细心观察（"她会微笑着'指挥'
音乐"），一个诗人对修辞比喻的喜欢（"像一颗人体定时
炸弹""像一只机械娃娃或木偶一样"），以及一个音乐家
对节奏和声音的敏感（"断断续续、颠颤地说着什么，声音
急促含糊，滴答作响""乐而忘忧的安心和协调舒缓的动
作"）。萨克斯被《纽约时报》（*New York Times*）誉为"当
代医学的桂冠诗人"，他出版了许多标题巧妙的著作，讲述
了他与病人打交道的临床工作。

· 《睡人》（*Awakenings*）

· 《错把妻子当帽子》（*The Man Who Mistook
His Wife for a Hat and Other Clinical Tales*）

· 《火星上的人类学家》（*An Anthropologist
on Mars: Seven Paradoxical Tales*）

· 《音乐神经学：音乐与大脑的故事》
（*Musicophilia : Tales of Music and the Brain*）

· 《色盲岛》（*The Island of the Colorblind*）

· 《单脚站立》（*A Leg to Stand On*）

· 《钨舅舅：少年萨克斯的化学爱恋》（*Uncle
Tungsten: Memories of a Chemical Boyhood*）

这些标题变化多样，而不是拘泥刻板、千篇一律的，其中每一个标题都至少包含了一种下面所列的能让作品引人入胜的元素：一个具体的形象（帽子、色盲、大脑、腿），令人惊异的并置（妻子／帽子、人类学家／火星、音乐／大脑、化学／少年），一个双关语或一句俏皮话（音乐神经学、睡人），讲一个故事（故事、爱恋）。

在拟定学术作品的标题时，作者会面临许多选择，其中最基本的选择原则是看标题是否吸引读者，是否给读者提供信息，或者两者兼而有之。在图书出版界，精心炮制博人眼球的书名是从业者的标准做法，尤其是在面向受过良好教育的读者的学术出版日益不景气的领域。例如，演化生物学家理查德·道金斯（Richard Dawkins）所著的畅销科普书籍通常都是精挑细选词语，慧心拟定书名。

· 《自私的基因》（*The Selfish Gene*）（1976）

· 《盲眼钟表匠》（*The Blind Watchmaker*）（1986）

· 《攀登不可能山峰》（*Climbing Mount Improbable*）（1996）

　　为了避免我们因此断定博人眼球的书名是一种奢侈品，只有少数名声斐然的学者才够资格享有，请注意这一事实——道金斯早在开始面向普通大众写作之前就已经非常喜欢使用这种书名。《蜜蜂很容易分心》（*Bees Are Easily Distracted*）是他 1969 年发表在《科学》（*Science*）杂志上的一个早期的研究性报告，这个描述性的标题相当吸睛。道金斯似乎在他的职业生涯早期就已经懂得了许多学者一生都没有学会的东西：既写出抓人的标题，又成为一位受人尊敬的研究者，这是有可能做到的。

　　再举一个博人眼球又有知识含量的学术标题的典型例子： 2006 年在英国发表的一项重要的医学研究——《孩子为什么死亡：一项初步研究》（*Why Children Die: A Pilot Study*）。非常有意义的是，这项研究的作者并不是只针对像他们自己一样的医学研究者写作，他们希望更广泛的读者能够读懂他们的报告，包括健康卫生从业者、社会工作者、政治人物以及普罗大众。事实上，该报告被制作成两种版本：针对成年人的 124 页版本和面向儿童、年轻人的 14 页概要。这两个不同的版本标题是一样的，并提出了一些能引发关注的问题：儿童为什么死亡？数量有多少？在什么情况下死亡？可以采取哪些措施来降低英国的儿童死亡率？哪些工作一直在做？作为这项初步研究的成果，未来还有什么研究纳入了计划？设想一下，同样的报告放在医学专家的手中，标题可能是这样的：《开展儿童死亡率全国保密性调查的方法与实践思考：一项可行性研究》。这个标题用一堆技术性语言轰炸我们，用抽象的术语让我们发蒙。与此相反，《孩子为什么死亡：一项初步研究》这个标题更能吸引我们翻开报告，开始阅读。

正如詹姆斯·哈特利（James Hartley）和其他学者所指出的，拟定一个"既吸睛又有知识含量"的标题的最简单方法就是用一个冒号、分号或问号，将两个迥然不同的短语（一个负责引人注意，另一个负责描述信息）结合在一起。文学学者尤其喜欢这种"引人注意：信息描述"的标题套路。

·《印度的第一批草莓：维多利亚时代大不列颠的文化可移植性》（*The First Strawberries in India: Cultural Portability in Victorian Greater Britain*）

·《#$%^&*!?：现代主义和污言秽语》（*#$%^&*!?: Modernism and Dirty Words*）

·《马车夫赤裸的臀部：18 世纪法国的一种掩饰》（*The Coachman's Bare Rump: An*

Eighteenth-Century French Cover-Up）

这种方法也很受历史学家欢迎。

·《每一个男孩和女孩都是科学家：在两次世界大战之间的英国儿童器具》（*Every Boy and Girl a Scientist: Instruments for Children in Interwar Britain*）

·《女性至上：新墨西哥州印第安女巫的爱情魔法》（*Women on Top: The Love Magic of the Indian Witches of New Mexico*）

在几乎所有的学科门类中，我们都能找到"引人注意：信息描述"结构的变体。然而，只有在人文学科中，"引人注意和信息描述"的标题所占百分比与冒号使用的总体比率之间有很强的相关性。当我将我的数据样本中 1000 篇学术文章的标题按照"引人注意的""信息描述的"或两者兼而有之的情况进行统计时，我发现，可以归类为"既吸睛又信息丰富"的只占到 22%（大多来自人文学科），但全部标题中有 48% 含有冒号。

风格鉴赏

鲍勃·埃特米耶（Bob Altemeyer）

> 这个世界是一个舞台，容纳了无数独一无二的人。但是，如果每个人都有相似的性格特征，那么这个世界会是什么样的？如果所有的参与者在右翼独裁主义的测试中都得分相对很高，那么这个世界未来会是什么样？

这段话是心理学家鲍勃·埃特米耶一篇文章的开篇段落。这篇文章有一个兼具博人眼球与信息描述的标题：《如果独裁者接管了地球，那会发生什么？一个模拟试验》（*What Happens When Authoritarians Inherit the Earth? A Simulation*）。在这段话中，埃特米耶引导我们设想一个平行世界，这个世界上的人都是被右翼的独裁主义所吸引的人。他解释说，这样的人证明是：

> 相对地服从政府的不公正，不支持公民自由和《人权法案》……心胸狭隘，随时准备加入政府的"附庸"来打倒几乎所有人（包括他们自己），对传统的性别角色感到满意，受到群体规范的强

烈影响，以及政治上保守（根据对 1500 多名当选
议员的研究，从基层到专业人士）。

在接下来标题为《事情变复杂了：高社会支配倾向》
（*The Plot Thickens: High SDOs*）的部分，埃特米耶阐
释了持有高度的"社会支配倾向"（Social Dominance
Orientation）——独裁领导特质——思想的人是如何把形势
复杂化的：

> 还记得之前我说过，高度右翼独裁主义者似
> 乎是迄今所发现的偏见最甚的群体吗？那么，当
> 费利西娅·普拉图（Felicia Pratto）和吉姆·斯达
> 纽斯（Jim Sidanius）开始研究社会统治者时，这
> 个群体便失去了这个头衔。

在一些自然科学期刊，特别是医学研究期刊中，冒号后
可能会引入一个"研究类型"的副标题来对主标题进行有益的
补充。

· 《高龄低收入者的老年医疗保健管理：一
项随机对照试验》（医学）

·《RTS，S/AS02D 候选疟疾疫苗在莫桑比克地方病肆虐地区婴儿中的安全性：一项双盲随机对照 I / IIb 阶段试验》（医学）

然而，标题里的冒号常常没有发挥明显有效的作用，实际上只是将两个标题挤成一个。

·《将研究性图书馆服务纳入编辑程序：将图书管理员"嵌入"媒体》（计算机科学）
·《多态特性和饮食变化：大蕈甲科（鞘翅目）的进化》（进化生物学）
·《网络支架式教学：分析改进的网络支架教学在大学生中的推广作用》（高等教育）

"信息描述：信息描述" 这类双筒式标题的优点是，它们将很多信息内容打包塞进一个小的空间，但它们也有一个重大缺陷：它们比单筒式标题加倍地冗长晦涩、抽象难懂，可能导致双倍地"学术化"，而不是双倍地吸引人。

对于力图让标题既吸引眼球又信息丰富的学术写作者，冒号无疑是一个有效的工具。一个更棘手的挑战是，把吸引眼球和信息描述这两个元素合并在一个单一的、没有冒号的短语之中，就像道金斯所写的——《蜜蜂很容易分心》，有许多方法可以实现这样的合成，例如，标题可以提出一个问题：

· 《神圣是什么颜色？》（文化研究）
· 《教师和学生对电子书的真正看法是什么？》（计算机科学）

或者设置一个场景：

· 《如果父母想让孩子待在家里上大学》（高等教育）
· 《希拉姆狂欢之谜》（法律）

或提出一个具有争议的事实或观点：

· 《蜂后滥交减少蜂群内的疾病》（进化生物学）

或借助一个比喻：

· 《利用非普遍基因让生命之树扎根》（进

化生物学）

　　·《柯勒律治文学传记中黑格尔的幽灵》（历史）

或者创造一个出人意料的并置：

　　·《卡路里的外交政策》（历史）

或作出一个极其重大的、动人心魄的论断，让我们忍不
住想进一步阅读：

　　·《反对达尔文主义》（哲学）
　　·《理解嫉妒》（心理学）

　　在上面这些例子中，这些作者找到了不用冒号来组织他
们的研究主题的文雅、简洁、紧凑的方法。

　　然而，有一些学者会辩称，这类标题为了简洁明了、
轻松活泼付出了不应付出的代价。他们会问，如果文章的标
题缺乏相关的主题关键词，同行该如何知道文章内容是关于
什么的呢？但这正是副文本发挥作用的地方。例如，《开胃
小菜（Hors d'oeuvre）》这样一个文章标题确实有点让人不
知所云，但如果我们了解到它发表在期刊《十八世纪研究》

（*Eighteenth-Century Studies*）一期主题为"德里达与十八世纪"的特刊上，它的模糊晦涩就大大下降了。仰慕法国文学理论家雅克·德里达（Jacques Derrida）的爱好双关语的死忠粉会立刻推断出，这篇文章为对德里达非典型作品感兴趣的读者提供了一份思想的品尝拼盘（主菜前的开胃凉菜）。

得益于电子搜索技术的最新发展，标题不再是很多学科的研究人员查找相关文章的唯一或主要的方法。然而，标题必须总是包含主要关键词的观点仍然束缚着很多学者。例如，在《社交网络》（*Social Networks*）杂志上大约 80% 的文章标题都包含词语"网络"或"互联网"。

文化理论家玛乔丽·嘉伯（Marjorie Garber）指出："一个记者把一部学术性著作描述为'纯理论性的'，就是在说，这本书深奥、枯燥、难以阅读，而且很可能不值得花费功夫通读一遍。"相反地，一个学者把一部学术性著作描述为"新闻性的"，就等于说，这本书"缺乏严谨分析、复杂性和深度"。从微观上看，学术性标题面临同样的矛盾。在许多学者看来，一个"新闻性的"标题，即像报纸头版头条或杂志封面文章的标题那样故意要吸引读者注意力的标题，是思想浅薄的标志，不管作品的内容是否能证实这是一种偏见。然而，一个匹配适当、平淡无奇的标题并不会给研究质量提供补偿性担保。事实上，一个没有创意、程式化的标题暗含损害性的潜台词："我

是一个刻板的思想者。"而刻板的思想者总体而言不会是能以
创新性研究而一举成名的人。

风格鉴赏

菲利普·瓦德勒（Philip Wadler）

科学家通常坚持认为，严肃的科学需要严肃的标题。
但计算机科学家菲利普·瓦德勒和他的函数式编程团队的同
事明确持有不同意见，他们的标题从"幽默的"到"怪诞的"，
花样百出。

- 《类型良好的程序不受指责》
- 《制作快速咖喱：推送（Push）/回车（Enter）vs 串演算指令（Eval）/申请高级语言》
- 《报废你的样板文件：通用编程的实用设计模式》
- 《你呢，可扩展标记语言（XML）？关系帝国的衰落》
- 《烘焙披萨的两种方法——将参数化类型转换成Java》

这些使用双关语的标题不只是起到了装饰的作用，确切地说，它们还反映了人们对语言促进创新思维的力量的深信不疑。

默里·盖尔曼（Murray Gell-Mann）是一位获得过诺贝尔奖的物理学家，他根据詹姆斯·乔伊斯（James Joyce）的小说《芬尼根守灵夜》(*Finnegans Wake*) 中的一句话，创造了"夸克（quark）"一词。像盖尔曼一样，瓦德勒和他的同事都是颇有幽默感的科学家，他们所使用的幽默好玩的潮词，不但没有削弱他们研究的严肃性，反而证明了他们活跃的创造性思维。

有益的尝试

➢ 你希望给你的目标读者留下什么样的第一印象？请记住，你的标题应该表明你的意图：严肃、幽默、详尽、广泛、专业或易懂，也可能想同时做到其中几种。那么，仔细检查你的标题是否符合你的意图。

➢ 看一下你简历上的著作清单。你过去出版的作品中有多少标题包含冒号？在既有主标题又有副标题的著作中，你能清楚地解释同时需要两者的理由吗？

➢ 如果你经常使用冒号，那么尝试构思一个没有冒号的标题吧。把它作为一个特别的挑战，看看你是否可以想出一个既吸引读者，又信息丰富，还没有冒号的标题。

➢ 如果你很少或从不使用冒号，或者你的标题信息丰富但不吸引人，那就试试"引人注意：信息描述"的窍门吧。首先，构想一个短小有趣且合情合理的标题（例如《飞机上的蛇》），再搭配上不那么简洁时髦的信息描述性副标题（在限制性航空环境中攻击性蛇的行为）。然后问问自己，如果没有副标题，你的主标题是否仍然有意义。在某些情况下——例如，在一个学科性会议或某个期刊的一期特刊上，这些背景可能提供理解标题所需的额外信息——你可能会发现，你仅用《飞机上的蛇》这样的标题也是完全可行的。

➢ 挑选你所在学科领域中的一些典型性标题，分析它们的语法结构：例如，把 "The Development of Efficacy in Teams: A Multilevel and Longitudinal Perspective"（《团队中效能的发展：一个多层次和纵向的思维方式》）这个标题变成"抽象名词 +of+ 抽象名词 +in+ 复数集合名词：一个形容词 + and+ 形容词 + 抽象名词"形式。现在看看你能否想出一个不使用那些可预测结构的标题。

➤ 为了获得灵感，你可以从自己学科之外的任何学科中找一个富有吸引力的标题，然后模仿它的结构。

➤ 还有一些技巧可以用于设计一个吸引人的（或者至少不是无聊乏味的）标题：

◎ 确保你的标题只包含一个或两个抽象名词或集合名词（许多学术标题包含七八个或者更多）。抽象名词（分析、发展、教育）和集合名词（学生们、教师们、患者们、臣民们）都有一个通用的、误导人的特质，特别是当这些词用在频繁使用同一个名词的期刊上时，如一本犯罪学的期刊中，大部分文章的标题包含犯罪和犯罪学这两个名词。

◎ 避免可预见性的"学术性动词"，例如，起草、宣传、执行（法律），从事、申请、提高（高等教育学），反思、重新打开、克服（历史学），预测、叙述、联系（进化生物学）。

◎ 包括一个或两个你不期望在同一期刊里其他标题上出现的词。例如，具体名词（钢琴、古比鱼、路径）、鲜明生动的动词（取缔、切断、孕育）、专有名词（瓦格纳、伦敦、雉鸡），有助于你的标题更具个性化，也使你的研究能够在具体的时间和地点给人留下深刻的印象。

第七章　钩子与坠子

我们都知道，科研人员应该关心严肃的、合理的事情。想要写出好文章的学者不妨研究一下小说家和新闻记者的开篇方法，毕竟，小说家和新闻记者对于如何抓住读者的注意力通常还是略知一二的。

并非所有引人入胜的学术性书籍、文章或章节的开篇都用了抓人的钩子，但是，确实有数量惊人的著述是这样做的。讲究文风的写作者都明白，如果读了3页之后读者仍在阅读，他们很可能已经抓住了读者，让其继续读下去。相比之下，没有什么比无聊沉闷的第一段能更高效地毁掉一篇文章了。在自然科学和社会科学领域，研究者经常遵循约翰·斯韦尔斯（John Swales）所确定的"创造一个研究空间（Creating a Research Space, 简称 CARS）"的4步修辞序列。

·步骤 1：确定你的特定研究领域具有一定的重要意义。

·步骤 2：有选择地总结以前的相关研究。

·步骤 3：证明已经公开的研究是不完整的。

·步骤 4：把这个空白点转变为目前文章的研究空间。

斯韦尔斯把这种方法作为传统的"问题－解决"（problem-solution）模式的替代方法而加以推广。这种方法可以帮助作者组织出清晰有力的论证。但是 CARS 模式也有很多问题需要解决，步骤 1 鼓励作者从对一个显而易见的问题加以全面陈述开始。

生态学家和人类学家认识到，人类对生物物理环境产生了严重影响。（人类学）

风格鉴赏

珊蒂·阿美拉通加（Shanthi Ameratunga）

2002 年，全球道路交通事故中，估计有一二百万人丧生，五千万人受伤，全球社会损失大约 5180 亿美元。红十字会和红新月会国际联合会将当时的局势描述为"一场日益恶化的全球性灾难，摧毁生命和生计，阻碍发展，置数以百万计的人于更加脆弱的处境。"如果不采取适当的行动，预计道路交通伤害在造成全球疾病负担的主要原因排名中，将从 1990 年的第九位攀升至 2020 年底的第三位……

在这篇评论文章中，我们旨在总结道路交通伤害增多的特点，并提出了一种基于证据的方法，以预防道路交通事故。我们的评估采用了国际专家为 2004 年世界报告所做的大量工作的成果以及自那时以来公布的数据。

在这篇发表在《柳叶刀》（*The Lancet*）杂志上的评论文章的开篇，人口健康研究学者珊蒂·阿美拉通加和她的同事玛莎·伊哈尔（Martha Hijar）、罗宾·诺顿（Robyn Norton）证明了如果适当、宽泛、不夸大地运用 CARS 模式，该模式能够很好地发挥作用。他们没有直言不讳地断言这个课题的重要性，而是提供了交通事故造成的全球死亡率、受伤人数和经济损失的确凿证据，作者也没有声称要推翻或完善杰出同行所做的研究，而是承认"国际专家所做的重要工

作"，并以此作为研究的基础。还需要注意的是，他们使用
动态的、具体的动词（丧生、受伤、预防、采用），以及他
们非常巧妙地选择引用红十字会和红新月会国际联合会的支
持性话语，这些话语包含了生动、精辟的语言（恶化、灾难、
摧毁、阻碍、脆弱）。

步骤 2 通常会导致"搬出名人来抬高自己身价"的糟糕
行为，而不是对同行的观点和论证进行有意义的评论。

> 无论对学习的社会文化解释是哪一种，身份
> 的确立都是核心问题。就数学学科而言，学生对
> 自己作为学习者和潜在数学家的信念极为重要
> （克鲁斯特门 & 考夫翰 Kloosterman & Coughan，
> 1994；卡尔森 Carlson，1999；马蒂诺 & 马赫
> Martino & Maher，1999；博勒 & 格里诺 Boaler &
> Greeno，2000；马赫 Maher，2005），身份的认
> 定还包括性别、种族和阶层等至关重要的构成部
> 分（贝克尔 Becker，1995；伯顿 Burton，1995；
> 巴塞洛缪 Bartholomew，1999；库珀 Cooper，
> 2001；道林 Dowling，2001；卡塞姆 Kassem，
> 2001；博勒 Boaler，2002；科布 & 霍奇 Cobb

& Hodge，2002；吉斯博恩 & 米尔扎 Gilbom & Mirza，2002；纳西尔 Nasir，2002； 德·阿布鲁 & 克莱因 De Abreu & Cline，2003 年；布拉克，2004）。（高等教育）

步骤 3 要求作者用铁棍敲打现有文献，撬开可能的研究空白，不管它们是否真实存在。

尽管学者已经论证了集体效能与团队绩效之间的联系，但是对于影响集体效能发展的因素，我们目前还知之甚少。（心理学）

最后，在步骤 4 中，作者大胆地踏进突破口，宣称自己所做研究的创新性和重要性。

为了估计社区大学出勤率对本科生学业成绩的影响，该研究通过详细列举 2 年制和 4 年制学生在教育发展轨迹方面的差异，对现有模型进行了扩展。（高等教育）

CARS 方法在不断完善，其目的是有效地支持作者尽可能地做到修辞的准确，但它经常把作者引入了修辞的可预测性。

在某些学术语境中，公式化的开篇是必要的，但是在大多数语境中，公式化开篇不过是常规习惯罢了。哲学家乔纳森·沃尔夫（Jonathan Wolff）说，他的学科训练学生要"从一开始就和盘托出。一个优秀的哲学专业的学生所写的侦探小说应该这样开头：'在这部小说中，我将证明这件事是这个男管家干的'"。快速翻看几本顶级哲学期刊就能证实，坦率直白的开篇确实是该学科的传统学科标准。

然而，这些期刊同样也揭示了，对于抵制"陈词滥调的"倾向的哲学学者来说还有许多别的选择。例如，一篇关于身心问题的文章精心选择了一段文学作品的引文来开篇。

> "你只不过是我自己的鼻子。"
>
> 鼻子盯着少校，眉毛稍微皱了一下。
>
> "我亲爱的先生，你说错了，"鼻子回答，"我就是我自己——单独的自己。"
>
> ——果戈理（1835）

一篇研究企业责任的文章以一件历史轶事开篇，引起了我们的注意。

1987 年 3 月 6 日，一艘在英吉利海峡运营的名为"自由企业先驱号"的渡轮沉没，近 200 人遇难。官方调查发现，渡轮公司的经营不善，严重疏于常规的检查和管理。

一篇关于心理问题原因的论文首先生动真切地描绘了一幅表现身体疼痛的画面。

昆西（Quincy）用锤子敲打他的拇指，感觉很疼，然后他就转着圆圈跳舞。我们认为，昆西的疼痛是他跳舞的原因，但是，可能吗？昆西的疼痛取决于他大脑中的某些活动，而这些活动会引起他腿部肌肉的活动。如果他的神经元引发他的腿部活动，那么，他的疼痛所引发的还有别的什么行为呢？

风格鉴赏

理查德·道金斯（Richard Dawkins）

我刚刚听了一个讲座，讲座所讨论的话题是"无花果"。但这不是一个植物学的讲座，而是一个文学讲座。当我们将无花果放在文学中，无花果是一种隐喻，我们不断地改变着对无花果的看法……演讲者戴维·赫伯特·劳伦斯（D. H. Lawrence）讲了世间如何吃无花果，以及如何领悟无花果。而我更倾向于认为，无花果是文本。演讲者最后的讲述是这样的，他给我们回顾了《创世纪》（Genesis）的故事，夏娃（Eve）引诱亚当（Adam）吃智慧树上的果子。他提醒我们说，《创世纪》并没有具体说明这是哪种果子，按照传统，人们认为这是一个苹果，而演讲者怀疑它实际上是一个无花果。他以这种简短而不失幽默风趣的语言结束了他的演讲。然而，我认为这位优雅的演讲者有很多东西没有领会。无花果里潜藏着一个名副其实的悖论和真正美好的诗意，它的微妙之处在于培养一种好奇的头脑，它的奇妙在于提升一种审美观。在这本书中，我想换一个角度，在这个角度上我能够讲述无花果的真实故事。

在《攀登不可能的山》（Climbing Mount Improbable）一书的这段开篇中，演化生物学家理查德·道金斯使用了几乎所有的修辞手法，牢牢地吸引住我们的注意力：幽默、隐喻、具体名词、动态的动词、句子长短变换、典故引用等。首先，他直接将我们置身其中："我刚刚听了一个讲座……"他精心挑选了一些词语，把刚刚所听到的讲座构思成一个活泼、生动的梗概："我们将无花果放在文学中，无花果是一种隐喻，我们不断地改变着对无花果的看法……"道金斯略带挖苦的语气，说"我更倾向于认为……"，冒着令一些读者兴趣尽失的风险。但是，他给我们讲了无花果的真实故事，因其无与伦比的新奇和怪诞，而这也会吸引我们大多数人一页一页地一直读下去。

所有4篇文章的作者接下来会陈述一个论题（"这是我的主要论点"）并开拓出一个研究空间（"这是我的工作为当前文献做出的贡献"），但这只能在以一个相关的引文、问题、故事或例证等手法牢牢抓住读者的注意力之后。

每一门学科都有其典型的开篇方法，这些方法能够给其他领域的学者提供丰富的思想和灵感。历史学家经常通过讲述一个具体的事件作为他们文章的开场，这个事件通常是他们希望探究的时期或问题的典型代表。

1924年，一位名叫科瓦乔·阿格班亚马内（Kwadjo Agbanyamane）的农民和他的母亲从邻居那里借了 20 英镑，在佩琪（Peki）附近买了一些土地，即现在加纳所在的黄金海岸地区。作为回报，科瓦乔把他6岁的弟弟科瓦明（Kwamin）"交给"了这位邻居，以偿还债务，直到他们能够偿还买土地所欠的钱。

文学学者喜欢从一个独特的引文或轶事开始写，编织出各种具有深层含义的网。

> 既然我们关注的是语言，而且语言促使我们净化部落土语，并鼓励有智慧的人做回顾和预见。
>
> ——T. S. 艾略特

这篇文章的关注点是语言，特别是语言"净化"的各种研究，当时在英国，这些研究是文学现代主义的组成部分。

科普作家会寻找一个极有吸引力的事实（一种生物、一个物体或一种现象）来激发我们的想象力，而且使作者顺理成章地引出一场对更广泛意义的问题的讨论。

当然，任何开篇策略，如果重复或缺乏想象力地使用，就会变得缺乏新鲜感和老套乏味。然而，刻意讲究文采的写作者会设法让他们的开篇常有新意。斯蒂芬·格林布拉特(Stephen

Greenblatt) 建议作家"将读者带入一个已经开始的故事"，并激发读者"想知道更多的欲望"。格林布拉特本人就是善于运用这一技巧的大师，他说自己以前的学术文章都是用一个与特定日期相关的历史轶事开篇，例如："1580 年 9 月，蒙田（Montaigne）在去往瑞士和意大利的途中，经过一个法国小镇，有人给他讲了一个不同寻常的故事，他及时地将这个故事记录在旅行日记里"。但是最后，这种方法变得"在我的写作中有点太过常见，所以我决定不再使用它"。现在，格林布拉特青睐用个人轶事代替。

风格鉴赏

斯蒂芬·格林布拉特（Stephen Greenblatt）

几年前，在哈佛大学，一位朋友邀请我共进晚餐。他问我是否愿意开车去接他的两位客人，纳丁·戈迪默（Nadine Gordimer）和卡洛斯·富恩特斯（Carlos Fuentes），我很激动，欣然同意他的请求。在约定的晚上，我盛装打扮，心中充满了期待。我先去接纳丁·戈迪默，但他进了我的汽车，坐在了后座上，我立刻感到几分沮丧。我几次谨慎地主动扯话闲聊，都徒劳无果，不了了之。几分钟后，当我接到卡洛斯·富恩特斯时，结果发现他认识戈迪默——俩人在彼此双颊上一通亲吻——所以很自然地，卡洛斯·富恩特斯也坐到后座去了。我继续开车驶向纽顿，一路上，又懊恼又觉得有趣，我的两位尊贵的乘客围绕着全球文学的话题，热烈地交谈，无所不涉。

文学历史学家斯蒂芬·格林布拉特在这篇关于种族记忆与文学历史的文章开头，以一种自嘲的口吻讲述了一段个人经历。通过熟练地讲述被迫沦为戈迪默和富恩特斯的司机带给自己的可笑和尴尬的经历，作者把读者直接拽进同一辆车里，与他一起偷听两位世界著名作家的谈话。格林布拉特略显言过其实的词汇（激动、盛装、充满、一通亲吻）向我们暗示：他的叙述有多重反讽。在这段话的后面，这位自称"弱势的"健谈者把他犀利的批判镜头对准他的两位乘客，并笑到了最后。

格林布拉特本人第一个承认，如果作家只关注自己，那么他的风格就会渐渐变得唯我独尊。格林布拉特不但没有倡导学术上的"自我中心"，反而敦促学术写作者将他们"充满激情的能量投入一个完全不同的世界"。

> 我只是建议你应该努力去写好，这意味着你
> 伏案写作时，心里要充满警觉、担心和欲望。每
> 隔一小段时间（如每写 3 页）就告诉自己去冒一
> 次险。

一个能给人留下深刻印象的第一自然段不需要哗众取宠、
卖弄花招，甚至引起争议。但是，它必须让读者很想继续往下
读。下面是发表在同一生物学期刊上的两篇文章的开篇，我们
将它们作一个比较。第一篇文章的开篇提出一个引人注意的问
题，然后接入一个用清晰、具体的语言陈述的研究案例；与此
相反，第二篇文章的开篇用冗长乏味、抽象难懂的语言讲述了
一个很可能激起人们兴趣的话题：

> 许多生态学研究都受到哈钦森（Hutchinson）
> 提出的一个简单问题——"为什么有这么多种类
> 的动物？"的启发……众所周知，蚂蚁群落通过
> 竞争构建社会系统，为研究能够促进共生共存的
> 机制提供了极佳的试验场。

> 哺乳动物雄性生殖器官的明显的种间变异性
> 长期以来被认为是一种很有价值的分类工具，尽

管实际上在其他动物群体中，这种生殖器多样性
背后的选择压力还没有得到充分的理解。

　　令人惊讶的是，第一篇文章的作者将蚂蚁群落的研究写
得引人入胜，而第二篇文章的作者成功地让哺乳动物雄性生殖
器的大小问题成为地球上最无趣的话题之一。

　　在我的来自不同学科学术性文章的数据样本中，我发现
有 25% 的文章以引人入胜的方式开篇：讲故事、轶事，描述
或艺术地再现历史事件的场景，运用来自文学或历史的名言，
直接向读者提出引发争议的问题。另外 75% 的文章则以某种
信息陈述开始：通过指出现有知识中的空白点、提供一个"稻
草人"式的论证开场（大多数人认为……但本文将证明并非如
此），用一个句子来宣布该篇文章的主题、介绍相关的背景信
息、总结以往的研究、提出一个事实、宣称该主题的重要性、
铺陈作者的主要论证。正如人们所预料的那样，与自然科学家
或社会科学家相比，人文学科的学者更有可能刻意地使用一个
引人入胜的方式开篇。然而，值得注意的是，在我的数据样本
中，除医学外，在其他学科中都有一到两篇文章的开篇运用了
引人上钩的"钩子"。这表明，在大多数学术期刊上，引人关
注的"钩子"开篇法并不违反规则，只是不普遍。社会科学家
尤其应当从这个统计数字中获得勇气，它证明在第一自然段中

使用CARS（创造一个研究空间）的方法并非他们的唯一选择。就像一个博人眼球的标题一样，一个吸引人的开篇传达出富有感染力的潜台词："我在意我的读者，而且为了钩住并抓牢他们的注意力，我会孜孜以求。"

有益的尝试

➤ 问自己一些问题，这些问题与你思考标题时所问自己的问题相同：你想给你的读者留下什么样的第一印象？你的开篇方法是否符合你的意图？

➤ 找一篇特别吸引你的文章或一本图书的某些章节，分析它们的开篇结构。作者使用了哪些具体的开篇策略？你能将这些策略运用于你自己的作品中吗？

➤ 尝试以下所列举的一个或几个开篇策略：
◎ 一句文学名言
◎ 一段学术的或历史的引语
◎ 一件个人轶事
◎ 一个历史故事
◎ 一个取自你的研究的轶事

◎ 一个对场景或艺术作品的描述

◎ 一段对话或交谈

◎ 一个令人惊讶的事实

◎ 对读者的直接告诫（"考虑这个""想象一下"）

◎ 一个具有挑战性的问题

请注意，如果你确实决定从一个引人入胜的开篇开始写作，你应该保证它是围绕你的文章或章节的内容和目的而展开的。

➤ 不设计钩子，而是构建一个漏斗：开篇段落强有力地陈述主题的重要性，以此来吸引读者；接着，再详尽地阐述主要论点。但最好还是用一个"钩子"开始，把你的读者吸引到漏斗的开口处。

第八章　故事网

　　如果在接下来的第二页，你松开了渔网，让所有的鱼都跑掉了，那么一个精心编织的开篇之网也不会抓住读者。讲究文风的写作者要懂得，重要的是保持住故事的吸引力，而不只是在松散的叙事中点缀零星的轶事。一本书或一篇文章如果没有悬念，没有叙事弧线（即故事的叙述节奏），没有从 A 进展到 B 的变化，基本上无法像一篇构思巧妙的文章、一部精彩的惊悚片（"接下来会发生什么？"）、一部侦探小说（"勇敢的调查员 / 侦探会发现什么线索？"）或一部成长小说（"主人公在成长过程中将学到什么经验教训，向谁学到？"）那样有效地吸引读者。

　　文学学者布赖恩·博伊德（Brian Boyd）认为，所有的艺术活动，包括我们对讲故事的热衷，都可以追溯到根深蒂固的强烈的进化欲望：在读写时代开始之前的很长一段时间，人类已经学会用讲故事的方法来吸引别人的注意、传达信息、说服怀疑者、解决问题、构建社会和了解世界。为获得享有盛名的基金而展开竞争的研究者常常敏锐地意识到，成功取决于他们讲好一个故事的能力。人类学、社会学、教育学、法学、管理学、医学等各种不同领域的学者都把讲故事作为研究方法，并从理论上阐明了讲故事既是研究方法也是专业实践。然而，只有极少数自然科学家和社会科学家接受过"构思引人入胜故事"的培训，而在文本丰富的文学、历史或法学等学科领域的学者往往把他们最精彩的故事埋藏在层层叠叠的抽象论述和批判理论之中。

每一个研究项目都是由各种各样的故事组成的——研究者的故事、研究过程的故事、单个实验对象和参与者的故事、背景故事——每一个故事都包含各自纷繁多样的曲折情节。所以，对于讲究文风的学术写作者来说，要问的基本问题不是"我有故事要讲吗？"，而是"我想讲述哪个故事或哪些故事，以及怎样才能最有效地讲述故事？"。在小说和剧本中，故事通常围绕一个面临某种问题或困难的主人公展开：一位迷惘的父亲、一个冷漠的爱人、一个未解的迷案、一枚除非扔进火山中心否则将招来滔天邪恶的戒指。同样地，学术研究者的故事也总是涉及一个带着问题的角色，即一个学者。他先提出一个研究问题，接着收集证据，逐步形成一个理论，最后开始努力说服读者这个理论是正确的。在下面这些从我的数据样本里随机挑选的例子中，所研究的问题决定了研究者选用什么故事。

　　➤ 法学／犯罪学

　　◎ 研究问题：程序公正如何影响公众对澳大利亚警方的看法。

　　◎ 研究者的故事：研究人员分析来自澳大利亚大型公共调查的数据，再与美国所做的类似调查的结果进行比较，然后得出如下结论："相信警察行使职权时使用程序公正的人们更可能认为警察是以法律为依据的，而且进而对于警察的服务更满意。"

　　➤ 进化生物学

　　◎ 研究问题：鸟类为什么迁徙？

　　◎ 研究者的故事：研究小组回顾以往关于鸟类迁徙的研究，讨论这些研究的不足之处，然后采用一种新的方法，检验并完善早期研究者提出的"进化前体假说"。

　　➤ 文学研究

　　◎ 研究问题：自动钢琴和留声机这类设备的

普及如何影响 20 世纪早期的诗歌和诗学。

➢ 研究者的故事：研究者阅读了关于自动钢琴的历史资料，搜索同期关于录制音乐的参考文献，并构建一系列富有说服力的研读文章，还以叔本华（Schopenhauer）和亥姆霍兹（Helmholtz）关于音乐和记忆关系的相关著述为这些文章中的阐释作了铺垫。

风格鉴赏

阿尔弗雷德·丹宁勋爵（Lord Alfred Denning）

这件事发生在 1964 年 4 月 19 日，此时肯特郡（Kent）正是蓝色风铃草开花的季节。

随着这句唤起回忆的话，英国法官阿尔弗雷德·丹宁勋爵打开了他著名的"汉兹诉贝里"一案的法律判决书。该判决书显示，法院维持了对一位 9 个孩子的母亲的巨额法律损害赔偿金的判决，她的丈夫在一次家庭野餐中被一辆失控的捷豹汽车的司机杀害。丹宁勋爵是一个讲故事的高手，他懂得情节、人物和背景的重要性。有时候，他会将陈述重点放在当事人的决定性特征上。

老彼得·贝斯威克（Peter Beswick）是兰开夏郡埃克勒斯（Eccles, Lancashire）的一名煤炭商人，他没有办公室等营业场所，只有一辆卡车、磅秤和砝码。

有时，他直接地迎合听众的情感。

在夏天，打乡村板球是这里每个人都喜欢的运动，几乎每个村庄都有自己的板球场地。在板球场地，青年人打板球，老年人在一旁观看。在达勒姆郡（County Durham）的林茨村（Lintz），村民有自己的板球场，在过去的 70 年他们都在那里打球。他们把这个板球场照管得很好。然而，70 年后的今天，高等法院的一名法官下令，不准他们再在那里打板球了。他已经颁布了禁令，禁止他们打球。他是应一个不喜欢板球的新来者的要求才这么做的。

针对那些反对这种明目张胆的情感表达的批评家，丹宁会毫无疑问地回答，法律的存在是为了规范人类的行为，所有人类的行为都涉及情感。否认故事的力量就是压抑我们自己的人性。

一些学者把研究者的故事变成了他们作品的主要特征，就像文化历史学家朱蒂丝·帕斯科（Judith Pascoe）精心构思她的一本著作时所做的那样——整本书都围绕着她对一个不可再现的知识的探究：18 世纪著名女演员莎拉·西登斯（Sarah Siddons）的声音听起来到底像什么。但是，即使研究者的故事没有直接在学术著作或文章中成为重点，仍然有许多其他学术场合可以把它讲出好的效果，例如，在公开讲座、学生研讨会上，在基金申请书、著作前言或博士论文的开篇章节中。无论是作为一种构思策略，还是作为一个独立故事，研究者的故事都可以通过表现学术工作人性的一面，在作者与读者之间建立起一种情感联结。

另外，研究故事是研究人员发现、分析或另外叙述但没有直接参与其中的故事。同时嵌入研究者的故事、研究对象的个人故事以及该项研究的背景故事。学者可以不时地借助其他故事给研究故事增强戏剧性和趣味性。例如，犯罪学家可以在文章的开篇讲述一个无辜公民意外被警察搜查的故事（这个个人故事阐明了这项研究的现实性和紧迫性）；生物学家可以简要叙述以往关于鸟类迁徙的学术争论（该项研究的背景故事）；文学学者可以挑选一个特别的历史事件，如 19 世纪晚期对公共钢琴大加抨击的狂潮，并在现代主义文化生产故事的更大背景下分析它的意义（一个特殊的故事，同时有助于补充背景故事）。

众所周知，小说家 E. M. 福斯特（E. M. Forster）曾把故事描述为"按照事件的时间顺序对事件的叙述"，而情节"也是对事件的叙述，但是重点落在因果关系上"；因此，根据福斯特的说法，"国王死了，后来，王后死了"是一个故事，而"国王死了，后来，王后由于过分悲伤死了"是一个情节。一个故事告诉你发生了什么，一个情节告诉你为什么会发生。像小说家一样，讲究文风的学术写作者通过细心处理人物、背景、观点和叙述顺序等因素，把故事转化为情节。在研究者的故事中，潜在的人物角色包括研究者和他在整个过程中所遇到的所有其他人：研究团队成员、持怀疑态度的同事，以及其理论在同一领域的以往研究者。在研究故事中，主要角色可能是人（例如警察）、动物（例如迁徙的鸟类），甚至是观点（例如记忆的现代主义概念）。科学历史学家罗伯特·鲁特-伯恩斯坦（Robert Root-Bernstein）记录了很多著名科学家的例子，这些科学家把自己想象成动物、原子或其他自然现象。

◎ 每研究一种动物，我就变成了这种动物。[德斯蒙德·莫里斯（Desmond Morris），动物行动学]

◎ 碳原子想做什么？ [彼得·德拜（Peter Debye），化学]

◎ 我获得了一种感觉，如果我是某种合金，我将如何表现？ [西里尔·斯坦利·史密斯（Cyril Stanley Smith），冶金学]

◎ 我不想探讨磁流体力学方程，反而更愿意坐着，骑在每一个电子和离子上，并从它们的视角试着想象世界是什么样子的。[汉斯·阿尔芬（Hans Alfvin），物理学]

◎ 我确实感觉好像我就在那里，这些（染色体）是我的朋友。[芭芭拉·麦克林托克（Barbara McClintock），细胞遗传学]

风格鉴赏

萨利·贝恩斯（Sally Banes）

20世纪70年代末到80年代初，我住在纽约市苏豪区，是一名舞蹈和表演艺术评论员。我是厨房中心（the Kitchen Center）的常客，到那儿听音乐、买录像和欣赏舞蹈。最近，我在纽约为写一篇文章去厨房中心挖掘材料的时候，在那里目睹了安·卡尔森（Ann Carlson）的《夜之光》（Night Light）的制作。这个场地特定的节目是对一个社区的社会性考古，以一次步行之旅的艺术形式，在格林威治村和市中心之间的切尔西区的大街小巷巡演。厨房中心自1985年就坐落于此，节目用一系列凝固的舞台造型加强效果，以真人在舞台上扮演静态情景再现切尔西历史上重要事件的照片上的画面。之后，我们再次在厨房中心聚会，在楼下的表演场地一边喝啤酒，一边与导游和表演者聊天。

表演学学者萨利·贝恩斯把舞者的激情和讲故事者的地域情结注入她的学术作品中。这篇文章有一个回忆满满的标题：《编舞社区：在厨房跳舞》，让我们对其高度具体的开篇段落有一定的思想准备。在开篇段中，贝恩斯成功地介绍了苏豪区的厨房中心（the Kitchen Center），描述了自己"挖掘"其档案的工作，带着我们在这个社区徒步观光旅游，最后又带我们回到厨房中心喝啤酒。当她转向抽象概念的时候，如厨房中心从"艺术家聚集的社区"到"观众聚集的社区"的逐渐转变，贝恩斯已经使我们渴望了解一下这个完整的故事。

在另外一篇题为《嗅觉的表演》的文章中，萨利·贝恩斯以一种与众不同的方式开启我们的各种感官，在描述最近的戏剧作品时，她把烹饪食物所散发的各种味道也写了进去。

> 面包、吐司、熏肉和鸡蛋、汉堡包、汤、意大利面酱，煎蛋卷、爆米花、洋葱、大蒜、洋蓟、蘑菇、红砂糖（焦糖味蔗糖）、榛子曲奇、意大利烩饭、茉莉味香大米、炸鱼和薯条、咖喱、香肠、酸菜和波兰熏肠，腰子、白灼肥牛，卡津大虾，以及各种澳洲烤肉。

> 饿了吗?

同样地，抽象概念可以概念化为戏剧中的角色，散发出浪漫的魅力，但同时这种做法也具有致命的缺陷。它们克服了哪些障碍？它们经历了怎样的转变？

在学术作品中，自然环境很少明确地出现，尤其是在那些研究人员被训练将他们的工作视为要揭示永恒真理的学科中。

然而，我们记得最清楚的故事往往都是设置在独特的自然景观中的，无论是真实的，还是想象的：童话城堡、樵夫的小屋、穿过山口的陡峭道路。研究者的故事和研究过程的故事提供了许多可能的场景，从进行过一个重要科学实验的实验室，到一种罕见的不会飞的鸟类在此经历进化的一个小岛。有时候，几句话就足以勾勒出一个徘徊在读者脑海中、久久挥之不去的场景。

> 1987 年，在新西兰一栋旧校舍里的一间温暖而闷热的房间里，一群数学教师已经工作了一个星期，他们在讨论土著毛利人（Maori）的数学教育……他们试图向一位毛利老人解释连续数据和离散数据之间的差异，并给出例子：身高和鞋码、温度和足球比分、时间和金钱。

> 奉献日，1934 年 11 月 11 日，天阴沉沉的……献花圈时，云层散开了，一束阳光怪异而突然地出现，像完全守时似的，不早也不晚地出现在这个地方，在大教堂的观景台里，浓缩了几个世纪以来灵感的精华。

当我开始认真地寻找一个方法框架来支撑我全面地写出我的经历时，麻烦开始了……一天深夜，在安静的大学图书馆里，我发现了自传式民族志。

上面的 3 段描述分别来自数学教育家比尔·巴顿（Bill Barton）、历史学家约翰·海耳布朗（John Heilbron）和学术发展专员泰·比塞塔（Tai Peseta）。每一段描述都包含回忆满满的具体细节：温暖而闷热的房间、穿透云层的阳光、安静的图书馆，在这些场所研究者体验到一种知识上的顿悟。

对于小说家来说，叙事视角是另一个必要的考虑因素：我们通过"谁的眼睛"看到故事的展开？长篇小说或短篇小说都可能有一个不谙世事的第一人称叙事者，他的天真无邪左右我们认识观的形成 [如在马克·吐温（Mark Twain）的《哈克贝利·费恩历险记》（*Huckleberry Finn*）中]；也可能是一个无所不知、略带讽刺、洞察所有人物内心的叙事者 [如在查尔斯·狄更斯（Charles Dickens）的《雾都孤儿》（*Oliver Twist*）中]；或是一个自诩明智理性但行为表明他并非如此的叙事者 [如在埃德加·爱伦·坡（Edgar Allan Poe）的《泄密的心》（*The Telltale Heart*）中]；或是一群所提出的观点截然不同的叙事者 [如在威廉·福克纳（William Faulkner）的《喧

哗与骚动》（*The Sound and the Fury*）中]；甚至是一个赚取
了读者的信任而结果却隐瞒了重要信息的不可靠的叙事者 [如
在阿加莎·克里斯蒂（Agatha Christie）的《罗杰疑案》（*The
Murder of Roger Ackroyd*）中]。学术写作者常常努力表现出
一种完全中立的视角；作为真理而不是小说的推销者，我们把
给读者提供信息当作我们的工作，而不是轻率地对待他们的期
望、玩弄他们的思想。然而，如果仔细审视这种中立视角，你
就会发现它终究是某种神话。毕竟，所有的学者都是自我的坚
定维护者，主张自己理论的正确性、自己数据的准确性，以及
自己狭小研究领域的战略重要性。"在这里我真正代表了谁的
视角？"这个问题能够帮助我们遏制我们的偏见，其他相关的
问题（"我想要代表谁的视角？""我正在压制或忽视别的什
么视角？"）提醒我们，通过纳入有争议的声音，我们自己的
研究故事会得以丰富而不是受到削弱。

风格鉴赏

彼得·克劳夫（Peter Clough）

　　我对莫利（Molly）的不满不是因为他少言寡
语，而是他说话带着狂野不羁、类似在露天游乐
场上的冲动和随心所欲。那些话他脱口而出，像

烟花，飞沫四溅，他挥手让它们在他周围流光飞溅。另一个令我难办的是莫利说的很多话都不太好，这些话大多粗俗无礼、寻衅滋事，就像哑炮，使你跳闪到一旁。我认为这是我目前唯一的棘手问题。

"莫利"的故事讲述了一个行为不良的孩子和一名试图拯救他但以失败告终的老师的故事。在这个故事中，教育家彼得·克劳夫提供了一个让人痛心的研究案例，帮助读者明白一个不正常家庭的孩子多么容易从英国学校教育体系的漏洞中失足滑倒。这个故事让人感兴趣的一点，也是会让很多研究者驻足三思的一点，是莫利并非一个真实存在的男孩，他和故事的讲述者都是克劳夫创造出来的合成虚构人物，是为了揭开作者职业和个人经验中"更深的真相"而虚构出来的。克劳夫认为，要"把真相讲述得如同人们亲眼所见"，有时"可能必须操纵数据来服务于更大的目的"。

在一些学者看来，克劳夫为操纵数据所做的辩护是站不住脚的。然而，他的整个学术计划就是"打破一切社会科学方法树立起来的、用来描述经验的条条框框"。克劳夫的观点有双重含义。其一，他鼓励研究者讲故事，以吸引我们的注意力、帮助我们理解世界，并验证语言在构建知识方面所起的"至关重要的作用";其二,他质疑社会科学方法论的至高地位,因为它们压制了个人的参与。借助虚构的力量,克劳夫探讨了"人种志学者的两难困境——为了研究目的蓄意地偷窥人们的生活"。

　　叙事结构指的是故事讲述的顺序,是在其他结构性要素(如章和节)内部或围绕它们运行的构思。在福斯特的这个情节设计——"国王死了,后来,王后由于过分悲伤死了"——的例子中,讲故事者可以从国王去世开始,往前发展故事情节;或让时光倒转,从国王和王后早期恋爱的故事开始;或者用王后之死开篇,然后以闪回方式倒叙,最后把我们带回当下。同样地,在学术文章中,我们可以从研究问题(或研究者的故事)开始,或从对前人研究的一个简单历史回顾(背景故事)开始,或由说明这个研究如何改变了我们生活的一个例子(在更大的研究故事中一个个人的故事)开始。诀窍是确定你想将你的读者首先带进故事的哪个部分中,然后从那里引导他们往后阅读。

　　在学术著述中讲故事的艺术是一项复杂的工作,但该项工作应立足于一个非常简单的原则:一个好的故事让人们愿意往下读,想弄清楚接下来会发生什么。一个技巧熟练的学术写作者可以构想出一个又一个引人入胜的故事,而其主要"角色"

可以是一家机构（X大学是如何回应政府新的经费制度的？），可以是一种方法论（为什么散点图比柱状图在传递宇宙射线的信息时更有效？），或者是一种技术（在大学本科一个班级里引进同学评估机制作为一种打分方法，学生的论文质量会发生什么变化？）。然而，如果这样的叙事包含个人的故事，如X大学员工的故事、采用该方法论的研究人员的故事、写论文的学生的故事，那么我们的著述会变得更有影响力和说服力。另外，我们也别忘了读者的故事，即我们的读者在阅读中所产生的各种各样的兴趣、体验甚至偏见。

有益的尝试

➤ 列出你的研究故事中所有可能的角色，包括理论和观点这种非人的角色。对于每一个角色，请写下：

◎ 物理描述（如果是一个无形的概念，试着想象你如何将它作为一个卡通人物来表现）；

◎ 人格特征（强项、缺陷、行动方式）；

◎ 角色所面临的困难；

◎ 角色将经历的转变。

➤ 简要描述你的研究故事是在什么背景下发生的，并尝试在写作中调用那些具体实在的细节。例如，你可以：

◎ 在标题中使用一个能唤起记忆的地名；

◎ 用首段设置一个场景；

◎ 在有代表性的一件轶事或研究案例中提供一个背景描述。

➤ 用不同视角进行尝试。如果你的研究故事由你的一个研究对象、一个不认同你的理论框架的研究对手、你的故事中一个非人的角色（如一个分子、一只候鸟，或一个理论框架），那么，你的研究故事听起来会是什么样？你能把一些或所有这些视角纳入你的著述吗？

➤ 把你的叙事结构绘制成一张示意图或监图，然后看看你能否想出至少 3 种不同的方式来讲述你的故事。例如，以结局而不是开端来开篇，在文章的最开始就提出一系列不同的视角，或者把重要细节一直保留到最后才揭晓。

➤ 只是为了好玩，选自己最喜欢的一本书或一部电影，把它的情节提炼成一句话，然后想象一下，如果你把你的研究故事按照相同的思路进行策划，会怎么样。举例如下。

◎ 谋杀疑案（*A Murder Mystery*）：调查者 / 侦探搜寻线索，跟踪几条线索，并最终运用超强的推理能力解开谜案。

◎ 《汉塞尔与格蕾特》（*Hansel and Gretel*）：研究者大胆的新理论被困在一个邪恶女巫的小屋里，她想毁掉它们。然而，这些新的理论筹划了巧妙的办法，从树林中逃跑出来，而且变得比以前更加强大、更加聪明。

◎ 《傲慢与偏见》（*Pride and Prejudice*）：两个看似不相容的理论概念被带入一个单一的概念空间，在那里，开始时他们会一起跳舞，彼此调情，激烈争执，最后结婚，并从此幸福地生活在一起。

◎ 《洛奇》（*Rocky*）：尽管困难重重，一个散乱、未经证明的方法论与一个肌肉更加强健的对手决一雌雄，得益于忠诚的研究人员万无一失的帮助，最终获胜。

运用从练习中获得的领悟，为你的研究故事注入活力。

第九章 展示并且讲述

　　"展示，不要讲述"是小说家、剧作家和诗人的口头禅。创意写作者学习通过具体的细节描写来传达重要的情感信息：故事讲述者通过编造一个小孩独自在黑暗森林中的故事来唤起原始的恐怖情绪，诗人用"一个空空的门廊和一片枫叶"来代表人类整个悲伤的历史。相反，"展示并且讲述"是讲究风格的学术写作者的原则，他通过将理论扎根于实践并将抽象概念建立于真实世界来阐明抽象的观点。

　　在著述开篇，几乎所有注重文风的学术写作者都用大量精挑细选的例子来"轰炸"读者。例如，哲学学者格林·汉弗莱斯（Glyn Humphreys）和简·里多克（Jane Riddoch）在一篇论述行为与感觉的非常专业的文章中，开篇就抛出了一个极具争议的问题，紧随其后的是一个恰如其分的阐释性例子。

什么是物体？想想看一个人走在一组栏杆后面，在这种情况下，他身体的所有部位在给定的时间是不可能全被看见的。非专业人士回答说，在围栏后面的东西是个人，这个答案没有解释我们如何把这个人身体的各个部分看成一个单个的"物体"。"当证明该物体的感官证据是残缺零碎的时候，我们的视觉系统是如何构建整个物体的？"

如果一个人走在围栏后面这一景象没有牢固地扎根在我们的头脑中，作者随后关于"从微观到宏观的分类""基于熟悉程度的分类"和其他格式塔心理学重要原理的讨论将会非常难以理解，而且他们的核心论点——我们对离散对象的感知"取决于我们正在确定的行动以及刺激物之间行动关系的存在"——也将更加难以领会。

轶闻趣事（anecdotes）是取材于现实生活的例子。心理语言学家史蒂芬·平克（Steven Pinker）就用两个历史小故事阐明了语法的意识形态影响力。

1984 年，乔治·奥威尔（George Orwell）将国家禁止使用不规则动词作为其决心摧垮人文精神的标志；1989 年，《纽约书评》（*New York Review of Books*）上一则个人广告的作者问"你是一个不规则的动词吗？"，以此作为她决心颂扬人文精神的一个标志。

一件轶闻趣事本质上是一个微型故事，有时是一两句话的梗概，有时跨越几个段落。轶闻趣事不仅能有效地阐释抽象概念，而且还满足了我们对以人为主而非仅仅以观念为主的叙事的本能欲望。一个精心安排的轶闻趣事可以吸引读者的注意，甚至能够给严肃的学术讨论注入一点颇受欢迎的幽默。

同样地，案例研究（case studies）将我们带入关于真实人物的故事中，它们"展示并且讲述"了理论概念总体上在真实世界中是如何发挥作用的。在商业、医学和教育等侧重职业实践的学科领域，全部的学术期刊 [如《商业案例研究》（*Journal of Business Case Studies*）、《医学案例报告》（*Journal of Medical Case Reports*）、《教育案例研究期刊》（*Journal of Education Case Studies*）] 都致力于案例研究方法的实践和讨论。在其他更侧重理论的学科领域，专家以不甚严谨但同样卓有成效的方法运用案例研究，通过关注现实生活中的情况，支持和例证更重要的论点。哲学家兼女性主义地理学家吉莉安·罗斯（Gillian Rose）采用在家中访谈的形式，采访了 14 位英国中产阶级家庭中的母亲，探讨家庭照片在定义家庭空间上所起的作用；太平洋研究学者大卫·格杰奥（David Gegeo）和凯伦·安·沃森－格杰奥（Karen Ann Watson-Gegeo）考查了所罗门群岛（Solomon Islands）的一个特定农村发展项目，揭示"向现代化、全球化和区域化发展的古老的欧洲共同体理念如何使所罗门群岛的乡村发展一再受挫"；组织管理专家杰弗里·普费弗（Jeffrey Pfeffer）和坦尼娅·梅农（Tanya Menon）通过追踪两家不同公司的咨询体验，分析了分配给外部商业顾问的过高"知识估值"。通过对具体情况的详细分析，这些作者分别对文化认同的形成、后殖民时代的农村发展和组织结构的知识等话题提出了重大的、具有广泛适用性的观点。

风格鉴赏

迈克尔·科尔巴里斯（Michael Corballis）

几年前，我参观一家英国的出版社，经理在门口迎接我，他说的第一句话便是："我们遇到了一点危机。利宾纳（ribena）正顺着枝形吊灯往下流淌。"我以前从来没有听过这句话，但我立刻明白了它的意思，而且很快事实证实了我的猜测是对的。利宾纳是一种红色的果汁饮料，有些人会强迫他们的孩子接受它。我的第一个不祥的想法是，从枝形吊灯上流淌下来的东西是血。结果却是，上面的房间是托儿所（日托），其中一个孩子显然认为，把饮料倒在地板上比倒进自己的嘴里更有趣。

在《从手到嘴：语言起源研究》（*Hand to Mouth: The Origins of Language*）一书中，心理语言学家迈克尔·科尔巴里斯用了一则非常恰当——贴切、独特、幽默、真实——的趣闻来阐明"语言不只是学习单词之间的联系"。

> 在我的生活中，我从未遇到过在同一句话里出现"利宾纳"和"枝形吊灯"这两个词汇，两者甚至没有任何联系，但我立刻就能够理解一个将它们连接起来的这个句子。

在"根据广泛地取自不同学科的主要线索"编织"一个关于语言演变的故事"时，迈克尔·科尔巴里斯运用了各种各样的风格技巧。在每一章的开端，他都会举一个相关的例子或提一个问题。他字斟句酌："我被那些草率轻浮的见解所迷惑，认为我们的祖先不是猿，而是鸟。"甚至他的章

节标题都是引人注目、令人难忘、具象化的："为什么我们
是不平衡的？""三只手好过两只手吗？"

场景（scenario）发挥作用的方式与案例研究非常相似，
只不过它描述的是一个虚构而非真实的情境。有时场景会游
走在讥讽的边缘。在一篇题为《化身、学者和稽核文化①》
（*Embodiment, Academics, and the Audit Culture*）的文章中，
运动科学家安德鲁·斯巴克斯（Andrew Sparkes）讲了一个滑
稽但又不那么好笑的故事，故事的主人公是"在英国一所弥
漫着稽核文化的虚构大学里的一位虚构的学者"。在这篇文章
的引言中，斯巴克斯解释说，他文中饱受折磨的教授所经历的
那些"具体典型的挣扎"是建立在"与英国不同高校学者的非
正式访谈和部分个人经历"的基础上的。更多真实的场景也许
可以探究预料之中或可能发生的一连串事件——如全球变暖或
核战争——的可能结果。总的来说，最有效的场景发挥作用的
方式与轶闻趣事和案例研究大致相同：它们使抽象的概念变得
具体、形象。然而，如果一个场景被证明根本不可能发生或过
于荒诞不经，那么它可能会招来嘲笑，例如，如果一个关注堕

---

① 稽核文化：以严谨、规范、公正为核心的价值观，注重流程、
标准和制度执行的一种文化。

胎伦理的哲学家写了一篇关于"假设飞虫之类导致女人怀孕"的文章，或者一位理论物理学家在撰写一份如何提高奶农的牛奶产量的报告时以"假设一头在真空中的球形奶牛"这样的文字来开篇。

风格鉴赏

布赖恩·博伊德（Brian Boyd）

In a game that asked us to associate natural kinds and famous people, "butterflies" would yield the answer "Nabokov" as surely as "hemlock" would trigger "Socrates." …After all, Humbert pursued nymphets, not Nymphalids, Luzhin captured chessmen, not Checkerspots, Pnin accumulated sorrows, not Sulphurs. Why did butterflies so fascinate Nabokov, and why should that so fascinate us?

在一场要求我们把自然生物和著名人物联系在一起的游戏中，和"铁杉"① 肯定会得出"苏格

① 毒死苏格拉底的一种植物。

拉底（Socrates）"的答案一样，"蝴蝶"会得出"弗拉基米尔·纳博科夫（Vladimir Nabokov）"[1]，的答案……毕竟，亨伯特（Humbert）[2] 追求性感少女，而不是蛱蝶，卢津（Luzhin）[3] 喜欢吃掉对手的棋子，而不是格纹蛱蝶，普宁（Pnin）[4] 积累伤心的往事，而不是白蝴蝶。为什么蝴蝶令纳博科夫如此着迷，为什么他的这些小说如此吸引我们？

在给《纳博科夫的蝴蝶：未发表与未收录作品》（*Nabokov's Butterflies: Unpublished and Uncollected Writings*）一书撰写的序言中，文学传记作家布赖恩·博伊德在文章开头引用了纳博科夫的一句话"我的快乐是人类已知的最强烈的：写作和捕捉蝴蝶"，为他自己擅用蝴蝶作为延伸隐喻来表现纳博科夫绚丽、飘逸的文采进行辩解。

---

[1]　弗拉基米尔·纳博科夫（Vladimir Nabokov），美国作家，代表作《洛丽塔》，他热爱蝴蝶收集与研究，发表多篇蝴蝶研究论文，成为著名的蝴蝶专家。

[2]　弗拉基米尔·纳博科夫所著小说《洛丽塔》中的人物。

[3]　弗拉基米尔·纳博科夫所著小说《防守》中的人物，一个象棋天才。

[4]　弗拉基米尔·纳博科夫所著小说《普宁》中的人物，一位俄裔美籍教授，该书反映了一个身处美国主流文化群体中的"他者"的困苦、挣扎与无奈。

　　让我把弗拉基米尔·纳博科夫和几个表面上相似的标本放在一起。

　　从这个时刻开始，文学和鳞翅类昆虫在弗拉基米尔·纳博科夫整个70年的生命中，一起跳了一场精心编排的双人舞蹈。

　　在一部特定的小说中，无论任何时候，当一只蝴蝶或飞蛾从它的自然栖息地被救起的时候，它都需要给予关注、进行鉴别和做出解释，文集编纂者的网就会突然变成读者的镜头。

博伊德指出："从我们能够回顾的最早的时候开始，弗拉基米尔·纳博科夫就热衷于细节和巧思，重视清晰精确、难以预见的细微之处，并喜欢错综复杂、常常隐匿的模式。"人们可能会用同样的话来评论博伊德，因为他精心构思呈现出来的文字在精湛高超的艺术技巧方面与纳博科夫不分伯仲。除了隐喻，博伊德还运用了头韵和双关语［"性感少女，而不是蛱蝶（nymphets, not Nymphalids）"］［"对手的棋子，而不是格纹蛱蝶（chessmen, not Checkerspots）"］、主动语态的动词（得出、追求、吃掉、积累、吸引、救起），以及具体细节（蝴蝶的名字、文学作品中的人物、标本、网、镜头）来传达弗拉基米尔·纳博科夫文章的活泼生动和变化多端的风格。

　　明喻、隐喻、拟人等修辞手段以不同的方式展示和讲述，把值得记忆的意象编织进写作者的文字结构之中。有些学者，尤其是自然科学家和社会科学家，总是用怀疑的眼光看待修辞手法，将比喻之类的修辞手段与小说家或诗人辞藻华丽、情感奔涌的表述联系在一起。然而，科学家也经常借助有形事物做比喻来解释他们的工作，如佩特里网（Petri nets，计算机科学）、DNA 条形码（DNA bar codes，分子生物学）、降阶梯疗法（Step-down therapy，医学）。实际上，语言哲学家乔治·莱考夫（George Lakoff）和马克·约翰逊（Mark Johnson）认为，所有的语言都具有深刻的隐喻性。他们声称，体现经验的语言深植在我们的大脑中。

　　当作者把几种相关联的比较连贯起来时——"因为 A 像 B，所以 C 像 D"——我们就进入了类比或者延伸比喻的领域。科学家经常用类比来解释自然界和隐形世界的运行方式。例如，1940 年，生物学家 H. B. 科特（H. B. Cott）指出，相互依存的动物物种促进相互升级的进化行为。

　　　事实是，在原始的丛林竞争中，正如文明战争的改良一样，我们看到一场史无前例的进化军备竞赛正在进行……正如被追赶者的速度越快，追赶者的速度也要越快，防御性盔甲的改进和攻击性武器的发展不无关系。因此，随着感知能力的增强，隐藏装置的完善程度也在不断进化。

　　科特的这种"进化军备竞赛"的类比——动物物种就像是处于战争状态的国家，增强的感知能力就像是攻击性武器，隐藏装置就像是防御性盔甲——已经被其他许多科学家所采用和阐释，这些科学家包括生物学家利·范·瓦伦（Leigh Van Valen），他在 1972 年首次提出"红皇后假说（The Red Queen's Hypothesis）"一词来解释相对于其他共同发展系统，进化系统如何保持自身的适应性。利·范·瓦伦的理论得名于刘易斯·卡罗尔（Lewis Carroll）所著的《爱丽丝镜中奇遇记》（*Through the Looking Glass*）中描述的情景。在这个童话中，红桃皇后告诉爱丽丝，她必须越跑越快，才能一直留在象棋棋盘上的同一个格子里："你必须尽力不停地奔跑，才能保持在原地。"科学家和学者用类比来帮助我们理解世界，科特的"进化军备竞赛"和利·范·瓦伦的"红皇后假说"只是这个长长的类比清单中的两个。计算机程序员"启动（boot）"他们的硬盘 [boot 这个词来源于 "pulling yourself up by your bootstraps（用你的鞋带把自己拉起来）"这个短语，意思为倚靠自己的力量振作起来了]，研究隐喻和类比的语言学家会提到"概念映射（conceptual mappings）"，而教育家构建了教育的"脚手架（scaffolding）"来帮助他们的学生学习。有时候，这样的类比有误导性，例如，所谓的"垃圾 DNA"（Junk DNA）指的是基因组中不能编码蛋白质的 DNA 序列，生物学家已经发现，不像那个随随便便的名称所暗示的，"垃圾 DNA"具有很重要的生物学功能。但是，科学中的许多类比效果显著，而且令人信服，以至于它们已经进入了我们的文化词汇，也许还已经潜入了我们的思想意识。率先把各种计算机功能简单、方便地冠以耳熟能详的办公用具名称（"桌面""文件""文件夹""控制面板""回收站"）的程序员一定对于人类的心理以及人类对令人联想到物理实体的语言的渴求有所了解。

利·范·瓦伦的"红皇后假说"类比也是一种典故引用，讲究文风的作家常常使用这种方法，如人类学家露丝·贝哈（Ruth Behar）和文学学者玛乔丽·嘉伯（Marjorie Garber）就用典故将抽象概念与大多数读者熟悉的故事和形象联系起来。

> 文章写得具有诱惑力但缺乏严谨，就像打开一个潘多拉的盒子（Pandora's Box）。谁敢说里面会飞出来什么？

给助理教授指出这条分叉的道路：你从这里不能够抵达那里。为你所在领域的专家写一本扎实的学术著作，否则你将脱离黄砖路（the Yellow Brick Road）^①，没有希望获得大学终身教职。

我们知道，潘多拉的盒子里装有未知的危险，黄砖路通往一个五彩缤纷的快乐地方。当然，如果我们不熟悉希腊神话和《绿野仙踪》（*The Wizard of Oz*），这些典故就是对牛弹琴。严谨的文体学家要么会提供一个明确的查阅参考，说明典故的出处（如利·范·瓦伦处理 "红皇后假说"时那样），要么像上面的两个例子一样，即使读者对该典故"不得要领"，他也能确保句子仍然可以被理解。

风格鉴赏
史蒂芬·平克（Steven Pinker）

　　本书试图通过选择一个单一的现象，从每一个可想象的角度对它进行细致审视，从而阐明语言和心灵的本质。这种现象就是规则动词和不规

① 出自《绿野仙踪》，意为成功之路、通往幸运的路。

则动词，这是令每个学习语言的学生感到头疼的问题。乍看起来，这种方法似乎符合伟大的学术传统，即了解的越来越多，却发现知道的越来越少，直到你发现你什么都不知道。但请先别把书放下。从一粒沙子看世界通常是科学的方法，就像遗传学家接受研究低等生命的果蝇一样，这样他们的发现成果可能会逐渐扩大，进而形成一种深刻的认识。让每个科学家都从零开始研究不同的生物体，是不可能的。就像果蝇一样，规则的以及不规则的动词都是很初级的词汇，很容易繁殖，衍生出其他更多的词汇。

心理语言学家史蒂芬·平克在他的著作《词汇与规则：语言的要素》（*Words and Rules: The Ingredients of Language*）的开篇，对他的方法论做了一个具体的、易于理解的解释：他试图通过聚焦于单个的语法范例，即不规则动词，以"阐明语言和心灵的本质"。他在开篇段落中运用了讲究文风的写作者的工具箱中的每一种技法。

·明确陈述的论题（"本书试图通过……阐明……"）。

·生动的动词（细致审视、繁殖、衍生）。

·丰富多彩的名词和形容词（头疼的问题，伟大的、低等生命的、深刻的）。

·与读者直接交谈（"请先别把书放下"）。

·自嘲式幽默（"这种方法似乎符合伟大的学术传统，即了解的越来越多，却发现知道的越来越少，直到你发现你什么都不知道。"）。

·文学典故["从一粒沙子看世界"——威廉·布莱克（William Blake）]。

·比喻和类比（"就像果蝇一样，规则的以及不规则的动词都是很初级的词汇，很容易繁殖，衍生出其他更多的词汇。"）。

甚至平克的章节标题——"破电话""德语的糟糕""模拟世界中的数字头脑"——也都轮番表现了具体的、幽默的、引经据典的和发人深省的特点。他的书中几乎每一个自然段都包含了例子、插图或有效发挥作用的"展示并且讲述"原则的其他表现形式。

举例、比喻和典故，通过在我们脑海中描绘图画，充分发挥它们的魔力：我们仿佛看到那些运气欠佳的年轻助理教授正兴高采烈地沿着黄砖路，朝着大学终身教职的目标开拔，全然没有察觉沿途的灌木丛中潜伏着的各种危险！相比之下，可视化图示——照片、绘画、示意图、图表——以图像的形式直观地向我们展示了作者用文字所描述的内容。按照神经心理学家艾伦·佩沃（Allan Paivio）和其他人的已做论述，大脑是以完全不同的路径来处理文字与图像的。不足为奇的是，如果用文字和图像两种方式而不是只用其中一种方式来介绍新的概念，读者会理解得更清楚，也更容易留下深刻印象。总的来说，那些能够对文本起补充作用而不是完全重复文本的可视化图示效果最佳：一个精心挑选的图表、示意图或屏幕截图自身就很有说服力，不需要冗长乏味的解释。但是，作者如果加入一个在文本中完全没有提及的可视化图示，这对任何人都没有什么用。混乱不清或者制作拙劣的图示也不能满足注重文风的写作者的需要。错综复杂的流程图和新潮漂亮的三维柱形图最终可能会疏远而不是启发读者，读者希望可视化图示能够开拓一条简洁的路径，帮助他们理解文本提出的观点和数据，而不是架设新的路障（参见图9.1）。

"展示并且讲述"原则可以因时而变地应用于任何学术背景或学科风格。在句子层面，使用一个具体动词（扫地、阐明、开拓）有助于将一个短语的表达提升到如临其境的描述。隐喻和类比也能产生相似的效果，但能够使表达更明确，内容更丰富。轶闻趣事、案例研究、场景能够增强叙事的表现力和人情味。可视化图示能够刺激视觉和大脑。这些技巧中的每一种都依赖一个简单到令人惊诧的准则：当我们把抽象概念置于一个读者"看得见、摸得着"的物质世界之中时，它们立刻就变得更容易被记住，而且更容易被理解。

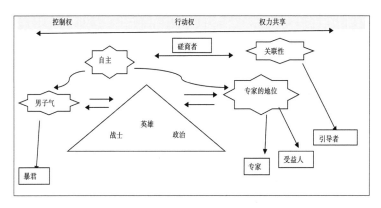

图 9.1   一个高等教育领域的可视化图示的例子，各种标签、箭头和云朵等形状令读者感到困惑而不是令读者受到启发。最初的可视化图示的标题："领导话语、主题立场以及相应的权力模式"。

有益的尝试

➢ 例子：每写一个关于抽象的概念或原理的句子，用"例如……"等文字跟进。这种写法如果使用过多，可能会导致文体的千篇一律；但是，如果你遇到难以表述的概念，这也不失为一个能够帮助你开始具体思考的好办法（经验之谈：每段使用"例如……"不超过一次，而且最好是每页仅使用一次。你可以开发不同的、更微妙的方法来引入例子）。

➤ 轶闻趣事：讲几则与你的研究领域密切相关的轶闻趣事（微型故事），不要太长。把它们有机地编进你撰写的研究文章里的重要地方，以帮助读者理解文章或吸引读者的注意力。如果你不知道从哪里开始写，尝试用一个轶闻趣事作为"钩子"来开篇。

➤ 案例研究：如果你的研究把人作为实验研究对象，考虑把这个研究对象拟定为一个案例研究，即一个示范性的故事（见第 8 章"故事网"，举出进一步的例子和想法）。

➤ 场景：一个场景提出了一个假设的情境，并探讨其可能的结果。作为一种提示，开头用一个祈使动词，如想象、设想、假定，跟你的读者直接说话。稍后你可以删除这个直接命令读者的用语，并让这个场景自行呈现。

➤ 修辞语言：讲究风格的写作者利用明喻、隐喻、类比和其他修辞手法来吸引读者，帮助他们理解内容，吸引他们的感官，使他们产生新的想法。如果你不能自然而然地想到修辞性的语言，请尝试以下步骤。

◎ 从你的书、论文或文章中选择一个平淡、抽象的句子（例如："言语错误经常发生在人的谈话中，但这林林总总的错误尚没有学者对其进行充分的分析和分类。"）。

◎ 确定句子的主语，想出一些具体的比喻（例如："言语失误就像发芽的杂草、拉帮结队的昆虫。"）。

◎ 选择其中一个比喻，并将其扩展成一个类比的句子（例如："如果言语失误像拉帮结队的昆虫，那么研究言语失误的人就像昆虫学家，对言语失误进行研究的行为就像捕捉昆虫并将其分类。"）。

◎ 把类比说得有趣些：扩展类比的限度，探索其隐含的意义（例如："如果言语失误像拉帮结队的昆虫，那么研究言语失误就像故意走进一大群蚊子。如果语言学家像昆虫学家，那么将言语失误进行分类就像把蝴蝶在福尔马林溶液里浸一下，再把它们钉到一块板子上。"）。

◎ 现在，把该类比句子和你的原句合在一起，就像语言学家道格拉斯·霍夫施塔特（Douglas Hofstadter）和大卫·莫泽（David Moser）所做的那样："千姿百态的言语错误在我们的语言环境中频繁出现，扎堆结队，像一群群种类纷杂的昆虫，等着被抓，打上标记并被分门别类。"这两位学者在关于犯错和人类认知的论述中运用了"言语失误好像昆虫"的类比。

◎ 最后，试试用比喻丰富的文笔描写几个同事——除了在风格上敢于大胆创新的那些同事，还有保守型的同事。他们喜欢你对他们的描写吗？你觉得呢？

➢ 可视化图示：既可以吸引读者注意力，也可以让人分心，还可以令人困惑，或富于启发性，这取决于作者如何使用它们。就像写作风格的其他方面一样，关键原则是作者要有意识地使用它们，并且目的明确。

◎ 对于你文中采用的每个图例，你都要问一问自己："为什么我需要这个插图？它是如何帮助读者理解文章的？我的插图是对文本不足的补充而不是重复文本中已经讲述的内容吗？"

◎ 图像的打印费用相对较高，但进行数字化复制却比较容易，因此，在基于网络的出版物上和现场演示文稿中可以尽量使用彩色的插图（当然要遵守版权保护的规定），但在印刷出版物上则应该适当减少使用彩色插图，以节省费用。

第十章　术语瘾

　　每个学科领域都有自己的专业语言、成员的规矩和交流方式。我还记得在我读比较文学博士的时候，有一次在托马斯·哈代（Thomas Hardy）的一部小说的研讨会上，我不经意地说了"性心理形态学"这个词。那一刻，有一种多么神奇的力量！从教授赞许的点头和围坐在研讨会桌旁的同学们羡慕的附和声中，我知道刚才我亮出了一枚批准我加入一个精英学科团体的金质徽章。不用说，我的这个新的派对技巧在我的那些学术圈之外的朋友和亲戚面前丝毫不起作用，达不到预期效果。每当我一本正经地拖长腔调说出"福柯式（Foucauldian）"这个词时，他们立马走开，再去来一杯啤酒。

　　按照最温和、最中性的定义，行话（jargon）一词表示"一个特殊活动或群体的专业术语或特有的习语"。例如，比较常用的形容鸟的叫声的"啾啾"这个词，杰弗雷·乔叟（Geoffrey

Chaucer）用它来形容"鸟儿含混不清的鸣叫"，其定义却带有贬义色彩："晦涩难懂或者毫无意义的谈话或写作""胡言乱语，莫名其妙的话""一种奇怪的、生僻的或粗野的语言或方言""含糊不清并常常过于矫饰的语言，以转弯抹角和长词为特征"。那么，专业术语是何时跨入生僻难懂、晦涩含糊、装腔作势的范畴的呢？学术界人士又如何能有效地相互沟通，以免受到那些不理解这些词语的人的蔑视、嘲笑呢？

许多富有思想又能言善辩的学者为在正确的场合使用行话进行了辩护。德里克·阿特里奇（Derek Attridge）观察到，行话使批判性话语的其他模式试图隐藏的东西变得透明清晰，也就是说，语言本身具有依情况而定和语境化的性质。罗兰·巴特（Roland Barthes）将术语描述为"如同想象一样令人震惊的一种想象方式"。雅克·德里达（Jacques Derrida）的具有丰富的新创词语的文章获得拥趸无数，也惹恼了一代又一代的人文学科学者。他津津乐道于难懂的语言带来的感官快乐，认为行话和与之相似的黑话，虽然拗口难懂，但都异乎寻常地性感："它们都是从喉咙深处发声，像漱口水，在咽喉底部停留一会儿，然后你发出一声刺耳的声音，一口吐出来。"这些评论者的共同之处是他们都表达了对具有吸引力和挑战性的语言的极大尊重。他们中没有人提倡懒惰或装腔作势的写作——但这往往是使用学科性行话造成的结果。

在乔治·奥威尔1946年撰写的经典文章《政治与英语语言》
（*Politics and the English Language*）中，他揭示了作家用不具人
格的、抽象的术语取代引起情感共鸣的名词和抑扬顿挫的节奏，
如何把具有强大感染力的文章变成语焉不详、云遮雾罩、单调
乏味的文章。

我又一转念，日光之下，快跑的未必能赢，
力战的未必得胜，智慧的未必得粮食，明哲的未
必得资财，灵巧的未必得喜悦。所临到众人的，
全在于各人当时遇到的机会。（传道书 9:11）

对当代现象的客观分析不得不使我们得出这
样的结论：竞争中的成功或失败与天生的能力并
不相称，但不可预测的因素中有相当大的一部分
因素必须被考虑在内。（奥威尔的讲话）

风格鉴赏

玛乔丽·嘉伯（Marjorie Garber）

示播列①一词逐渐转义，用作探测外邦人的一种测试用词，而且又引申开来，成为政党或教派用来识别内部成员和排除异己者的一个口令。从这个意义上说，学术性术语本身具有一种口令的功能。

术语是一种已经被过度使用的语言，现在代替了思想，只是一个思想的容器、一种言辞上的表达手势，而不是一个想法，无论是高度技术性的术语还是平凡无奇的术语。术语表明思维之所在。用计算机术语来说，术语就像是一台计算机的宏——一种在唯一名称下存储复杂思维操作序列的方式。

文学批评家和文化理论家玛乔丽·嘉伯所著的《学术的本能》（*Academic Instincts*）一书，对学术话语与新闻话语进行了对比研究。她对使用学术性术语持非常赞同的态度，并提供了细致入微的分析。她赞同亚里士多德（Aristotle）的建议，即诗人不应该故意回避使用"不寻常的词语"，并

① 示播列（Shibboleth），因为以法莲人不能发出"sh"音，基列人用此词鉴别以法莲逃亡者。

且指出：“一个难懂的文字作品可能值得花费精力解读。”在她看来，关键的问题不是如何彻底避免使用术语，而是“如何让语言既准确恰当，又丰富多彩”。

嘉伯对术语的论述创立了审慎而明智地使用术语的理论模式。通过把术语描述为一种口令，她给一个洪亮的历史名词进行了定义，并使用该词以表明自己的目的：以前不熟悉此概念的任何读者刚才都获得了一个新的词汇、一个新的有价值的知识，以及一种理解术语文化复杂性的新方式。接着，她用具体的形象（容器、手势）来解释术语的抽象用法。最后，她给出一个令人叹服的比喻，术语就像是一台计算机的宏，细心地引入了宏这个专业词汇的清晰而精准的定义。她的语言确实“既准确恰当，又丰富多彩”，随处可见趣闻轶事、历史典故、旁征博引、名人语录、比喻的语言和微妙的幽默。

学术界的史册上随处可见对学术文章进行夸张模仿的恶搞例子。物理学家艾伦·索卡尔（Alan Sokal）在文化研究杂志《社会文本》（*Social Text*）上成功放入了一篇“纯粹是胡说八道的文章”，然后，又公开吹嘘炫耀他的壮举，将该学术的恶搞事件推上了舆论的顶峰。正如索卡尔所证明的那样，一个具有高超模仿力的讽刺作家能够模仿几乎任何学术性学科的标志性风格。甚至，一个经过巧妙编程的计算机也能做到这一点。下面的文章是由网络"聊天机器人"自动生成的，"聊天机器人"是专门设计用来分别模仿后现代主义艺术家、计算机科学家和语言学家诺姆·乔姆斯基（Noam Chomsky）的文章的。

> 路德维希·凡分析后符号学家的唯理主义的主题是一种神话创作的总体性。
>
> 经过多年对触发器门的理论研究，我们验证了大型多人在线角色扮演游戏的分析，这体现了确定的模糊网络原理。
>
> 请注意，从区别性特征理论意义上说，我们不能轻易地承认说话者和倾听者的语言直觉无差异性。

基于相当简单的算法，上面每一个用程序写出的段落都让人联想到那种含混不清、故弄玄虚的文章，奥威尔把它比作"一条喷射墨汁的乌贼鱼"的防御性反应。但是，文中那些生硬的术语——后符号学家、神话创作的、触发器门、模糊网络、无差异性——明确地给这些句子打上了"学术性"的标签。

在调查了100个最新出版的写作指南后，我发现其中有21个写作指南不建议使用任何种类的专业术语；46个写作指南告诫说，使用专业术语要谨慎、准确，要有节制；33个写作指南对这一问题不予置评。我还没有发现任何一个学术风格的写作指南主张随心所欲地使用专业术语。然而，学术期刊的文章里术语泛滥。

风格鉴赏

迈克·克朗（Mike Crang）

几年前，作为一个"年轻"部门的代表性人物，我被要求摆姿势照相，相片将用于制作学校广告宣传简介。照片上的我正在给一个班级上课，全班同学非常配合，他们被召集到一起，从大厅的后面一直到前排座位，济济一堂……就是在那个时候，我深刻地意识到，对于学生的地理想象力而言，视觉描述的中心是什么。摄影师指定我站在宽大的实验室桌子后面，其间他们提供了一张挂在墙上的地图（我记得是拉丁美洲地图）。此外，为了拍摄这张照片，他们还要求我把幻灯片快进播放到色彩最绚烂的那张，把它投射到我的身后。于是，为了使课堂体验具有象征意义，我们有听众、代表权威的讲台、地图，还有幻灯片。那时，

　　这就是地理，按照 17 岁孩子的视角去理解的。

　　地理学家迈克·克朗的这篇文章的题目令人难忘：《大门里的头发：视觉性与地理知识》（ *The Hair in the Gate: Visuality and Geographical Knowledge* ）。他在文中讲述了一个高度直观的轶事，以说明地理课堂上视觉符号的重要性。他的文章重点阐述的抽象概念——"视觉性和地理知识"——通过具体细节变得栩栩如生：摄影师、学校广告宣传简介、"全班同学非常配合""宽大的实验室桌子"、拉丁美洲的挂墙地图、色彩绚烂的幻灯片。

　　在接下来的段落里，迈克·克朗转为采用标准的学术文章的风格。

　　　　对表达、影响力和知识系列进行一次考查和研究，似乎更加势在必行，因为微软公司幻灯片文稿演示制作软件（Microsoft's PowerPoint）的新兴霸权强化了内容在单一的展示 / 重新展示系统中的互换性。

　　这是一个令人恐怖的句子，布满了分量很重的抽象概念："表达、影响力和知识系列""新兴霸权""展示 / 重新展示系统"，仅以一个专有名词——"微软公司幻灯片文稿演示制作软件（Microsoft's PowerPoint"）稍加缓解了句子的沉重感。然而，迈克·克朗却侥幸成功，因为他虽然落入术语的谷底，但这些术语是简短的、生动的，而且非常切题。在紧接着的一两个句子里，他的文章又重新回到正轨：充满活力，千变万化，翔实具体。

富田（Tomita）对 LR 解析做了扩展，不是通过回溯和前瞻的方法，而是通过对由 LR 分析表中的不确定性引起的多个 LR 解析器进行宽度优先模拟。（计算机科学）

霍兰德（Holland）理论的核心方面在结构上表现为霍兰德环状职业兴趣分类法（the RIASEC interest circumplex），其中对明确的兴趣域内变量之间的一系列关系做了详细的说明。（心理学）

通过将解构技术引入政治哲学，一篇有关理性和自我控制的理论文章被迫接受在文中嵌入比喻性的、修辞生硬且自相矛盾的和寓言式的材料。（文学研究）

这些摘录都出现在"术语化程度比例"为 1：10 或更高

的文章中，也就是说，这些文章的作者平均每 10 个单词中就至少使用一个专业术语。只有第一个例子——一个措辞有力但难以理解的句子出自一篇计算机科学专业的文章，但它仍然经得起语法检验。在另外两个句子中，诸如"环状职业兴趣分类法"和"修辞生硬且自相矛盾的"这种晦涩难懂的词暂时性地分散了我们对严重语法错误的注意力：在那个摘自文学研究文章的句子中，句首是"通过将解构技术引入政治哲学"，那么是谁引入了？如果句子的作者如此醉心于使用大词，以至于不能一直正确地运用句法规则，那读者又怎么可能正确理解文章的思想呢？

在许多学术语境中，术语以一种高效的学科内的简略表达形式发挥作用：像"非 HACEK 革兰氏阴性杆菌心内膜炎"（non-HACEK gram-negative bacillus endocarditis，医学）、无界的恶魔和天使的不确定性（unbounded demonic and angelic nondeterminacy，计算机科学）这样的短语，可能让大众感到不知所云，但是，它们有助于学科内部专家之间进行高效率沟通。但是有时候，专业上的精确性与智力上的自负之间的界限仅有一线之隔。如"福柯式"（Foucauldian）这个词就是如此，我在这一章的开头讽刺性地用这个词作为可能引人反感的术语的典型。在我的 1000 篇文章的数据样本中，我发现有 18 篇来自人文学科和社会科学的期刊上的文章，作者在其文章的最初几页中都至少一次提到了文化理论家米歇尔·福柯（Michel Foucault）。其中有 7 篇文章包含了"福柯学派的"（Foucauldian）这个词，在此援引一些来自不同学科的例子。

高等教育："福柯的理论""一个福柯式的权力分析"和"'约束'和'机构'之间的福柯式相互作用"等。

文学研究："权力实施和压抑假说的一种福柯式理解"和"关于文体为无中心代理的文章的福柯式假设"等。

历史学：""'话语'的福柯式概念"以及思考的"福柯式取向"。

7 篇文章中有 4 篇文章主张福柯的思想，而另外 3 篇则对福柯的范式提出了疑问。然而，实际上，这 7 篇文章中只有两篇以有意义的方式与福柯的著述产生联系：在其中一篇文章中，作者声称"福柯式理论为此次调研中使用的方法论路径奠定了基础"，但结果表明，他们对"福柯式理论"的理解几乎全部来自 1994 年出版的研究福柯与女性主义的一本书；在另一篇文章中，作者反复提到福柯关于帝国主义话语的著述，但只是从爱德华·萨义德（Edward Said）的著述折射出来的。这 7 篇文章没有一篇能提供证据来证明作者实际上阅读和研究过福柯的著述。"福柯式"一词完全不是作为一个精准性工具被这些学者使用，以促进专家之间的交流与

理解，这个词变成了一种语义散弹枪，面向各个领域散射其
意义。

讲究风格的学术写作者并不否认术语的效用，也不回避
其智力上和审美上带给人们的愉悦。相反，他们合理恰当、谨
小慎微、一丝不苟地选用专业术语，非常用心地留住他们的读
者。例如，教育研究者雷·兰德（Ray Land）和希恩·贝尼
（Sian Bayne）在一篇论述网络学习环境中的纪律监督的文章
里，借用了福柯理论中"圆形监狱"（panopticon）一词，他
们以福柯本人的著述为根据，为这一概念提供了一个简明的历
史综述；文学评论家彼得·布鲁克斯（Peter Brooks）在自己
的《阅读情节：叙事中的设计与意图》（*Reading for the Plot:
Design and Intention in Narrative*）一书中，引用了"故事"
（fabula）和"情节"（sjuzhet）这两个俄罗斯形式主义的词
语，他巧妙地对这两个术语做了注释，并解释了它们如何有助
于读者更深刻地理解故事和情节；哲学家雅克·德里达（Jacques
Derrida）造了一个新词——"异延"（differance），以表示
导致语言所表达的意义的无限延缓在语义上的差异。当时，他
还详尽地解释了他对新词的思考。这些作者交给读者复杂的工
具，但总是附上说明。

风格鉴赏

米歇尔·福柯（Michel Foucault）

为了行使权力，必须赋予它一种永久的、彻底的、无所不在的、能够令一切显而易见的监视工具，只要监督本身能够不予暴露地秘密进行。它必须是一种不露面的盯视，将整个社会机体变成一个可感知的领域：到处都有成千上万只眼睛在监视，随时都在警戒，这是一个长长的、等级森严的网络。根据市长所说，对巴黎而言，该网络包括48个特派员、20个监督员，以及定期雇用的观察员、按天数支付酬劳的"警察局的密探"或秘密特工、根据工作完成程度付给酬金的举报人等。这种持续不断的监视必须在一系列的报告和记录中累积起来。整个18世纪，一份庞大的警方文本通过一个复杂的纪实组织越来越多地覆盖了全社会。

那些自封为福柯派的人是从哪里开始喜欢上术语的呢？肯定不是从福柯本人那里。福柯在规则、权力、性和其他重大主题方面的重要论述都是引人入胜、明确具体的，而且几乎没有使用术语。

在上面这段话中，福柯通过"监视"这一具体形象的比喻，分析了一个抽象的概念——权力。他用3个恰当巧妙的形容词（永久的、彻底的、无所不在的）和一个幽灵似的比喻（不露面的盯视、社会机体、成千上万只眼睛），把权力这个抽象概念写得栩栩如生，神灵活现。接下来，他开始列举在一个具体的时间和地点——18世纪的巴黎——实行的各种各样的监测手段，这些监视侵入形形色色的人的真实生活，包括特派员、监督员、观察员、秘密特工、举报人。像许多作家对风格上的细微差别保持警觉一样，福柯交替地使用长句与短句，建立并保持一种动态的节奏韵律。他讲故事，以他的书《规训与惩罚》（*Discipline and Punish*）为例，从一个恐怖的描述开始，这个描述会在后来长久地留在读者的脑海中。他把一个又一个具体的例子编写进他的那篇分析透彻深刻且文笔优美的文章中，同时他只有在确确实实亲自阅读过相关文献的情况下引用第一手资料。

学者使用术语的原因多种多样——展示他们的博学，表明在一个学术共同体中的成员资格，证明他们精通复杂的概念，轻松迅速地插入一个正在进行中的学术对话，将知识朝新的方向推进，挑战读者的思维，高效地传达思想和事实，或玩语言游戏等，其中许多动机都与优美的学术写作的目标一致。然而，无论行话、术语在何时何地闪亮登场，学术傲慢的魔鬼不可避免地潜伏在它附近的阴影中。把语言作为交流的工具，而不是作为权力的象征，坚定不移地有效使用语言并遵守职业道德标准的学者首先必须承认术语具有欺蒙忽悠、混淆视听、加深印象的诱惑力。

有益的尝试

➤ 如果你怀疑自己染上了术语瘾，首先你要测试一下你的上瘾程度。打印出一篇你的学术文章做样本，把学科之外的读者不能立即理解的每一个词标出来（或者，你可以请一个学科之外的读者替你标出来）。你是否每一页、每一自然段、每一句话都不止一次使用过术语？

➤ 接下来，关于你使用术语的动机，单刀直入地问自己几个问题，你使用术语是为了：

◎ 给别人留下深刻的印象？

◎ 表明你在一个学术共同体之中的成员资格？

◎ 证明你精通复杂的概念？

◎ 加入一个已经在进行之中的学术对话？

◎ 玩语言和概念游戏?

◎ 创造新知识?

◎ 挑战读者?

◎ 与同行进行简洁方便的沟通?

最后,只保留那些对你的重点和价值观明确有用的术语。

➤ 对于你决定要保留的每一个术语,务必给你的读者一个可靠的理解线索:一个定义、一些背景信息、一个连接上下文的词或短语。如果你解释清楚了你对这个术语的用法,你甚至可能会发现你可以放弃使用这个术语。

第十一章　结构设计

散文作家安妮·迪拉德（Annie Dillard）把写作称为一项建筑工作，是一个设计、拆除和重建的循环往复，句子是砖块，段落是墙体和窗户。

> 有些墙体是承重墙，它们必须留在原地不能移动，否则一切都会倒塌。其他的墙壁可以拆掉而安然无恙……然而，令人遗憾的是，不得不拆掉的经常是一堵承重墙，没有办法。只有一种解决办法，这个办法会使你不寒而栗，可是确实如此。把它敲掉。闪开！

迪拉德的比喻击中写作过程的情感核心，这个过程不仅有生产，还有破坏，不仅有长期收益，还有短期损失。讲究风格的学术写作者是工匠，他们认为文本是一个复杂精致、凝聚高强度劳动的结构体，你必须认真精心地策划，异常细致地打造，从浇注地基和寻觅材料，到最后楼梯扶手的抛光擦亮——更不用说你必须叫来吊车进行拆除的那些鲜见但心痛的时刻。

结构良好的一篇文章或一本书，如同一幢精心建造的房子，需要仔细周密的思考和规划。大多数学者拥有比他们可能意识到的更广范围的结构选择，从其中最基础的决策开始：著述的总体结构是常规的、独特的，还是介于两者之间的？一般来说，重视创造性表达的学科文化（例如文学研究）鼓励并奖赏结构设计富于创新的学术著述，而重视科学精准性的学科文化（例如生物学）则鼓励和奖赏结构严谨的著述。然而，在我的样本数据的 10 个学科里，医学独一无二，其所有文章都采用了传统的 IMRAD 结构，即绪论（Introduction）、研究方法（Methods）、研究结果（Results）及讨论（Discussion）结构或与之相似的结构。而在调查的所有其他学科中，我观察到许多不同的结构方法，在计算机科学（90%）、高等教育（70%）、心理学（56%）、人类学（50%）、进化生物学（10%）等学科领域中，采用独特或混合型结构而不是纯粹的常规结构的学者占有相当的比例。与此同时，在人文学科中，我注意到一种现象，独特结构的文章（即它们的章节标题不遵循可分辨的模式或惯例）、混合型结构的文章（独特标题的章节与常规标题的章节共存）以及序列结构的文章（其章节以编号为序而不用标题）各自占比相当均匀。在我的调查样本中，有超过三分之一的历史学科和文学领域的文章——分别是 36% 和 38%——没有任何章节标题。

对于自然科学家和社会科学家来说，坚持传统结构的益处有很多。遵循 IMRAD 结构的作者写文章总是以引言部分开篇，这一章会明确陈述当前研究的目的和范围，总结该领域前期的研究成果，并探讨现有文献中存在的空白和缺陷。接下来，在标题如"数据""方法"和"结果"（确切的标题因学科而异）的部分，他们描述数据采集的过程和研究结果。最后，在"分析""讨论"和 / 或"结论"部分，他们回顾他们的主要发现，探讨他们研究的更广泛意义，并为进一步的研究提出建议。这种刻板的方法使研究者有条不紊地规划他们的研究，严谨缜密地进行探索，条理清晰地展示研究成果，不遗漏任何关键信息。而且，传统的结构对于学术新手来说相对容易学习，他们只需要按照前人创建的模式行事即可。同时，读者也能准确地知道到哪里去找关键的研究成果，他们可以略读摘要，精读文献综述，浏览数据，抓取结论，并不需要浪费宝贵的时间去真正通读。

风格鉴赏

唐纳德·尚克维勒（Donald Shankweiler）

在我们长期合作之初，伊莎贝尔·利伯曼
（Isabelle Liberman）和我所关心的是检验对 20 世
纪 60 年代末普遍存在的种种阅读问题所作出的解
释。当时，关于因果关系的各种理念经常援引神经
心理学的概念，如不完善的大脑半球优势化。字母
和单词的颠倒仍然被认为是阅读障碍的标志……
在治疗方面，当时正值运动模式、平衡木和眼保健
操的全盛时期。我们早期的研究更多地致力于展示
什么是阅读障碍，而不是解释什么是阅读障碍。

在一篇对刚刚去世的同事伊莎贝尔·利伯曼表达赞扬、
致以敬意的文章中，语言学家唐纳德·尚克维勒解释了语音
意识的理念是如何有助于教师去帮助孩子解决阅读困难的。
尽管有过量的动词和一些草率的惯用语，产生一些抽象的陷
阱，但在大多数情况下，尚克维勒的作品清晰明了、平易近
人、案例鲜活，颇具读者缘。他将他的关于"阅读能力的开
发及困难"的文章按照有数字编号的 7 个"断言"进行构建，
每个"断言"构成一个章节标题，例如：

1. 语音意识的出现遵循着一种发展的模式；

2. 早期教学旨在提高语音意识和字母知识，数年后可在儿童阅读和拼写方面带来可量化的优势。

在读完尚克维勒的文章之后，读者会清楚地了解他的7个论点以及他所搜集的支持每一个论点的证据。他没有用一个标准的结论来做最后总结，而是以一张描述新的研究进展的"期票"作为结束。他说，他的文章是在追念这位朋友兼同事所做的工作，希望这样的研究进展能给这位朋友带来极大的快乐。

然而，传统的结构也有一些严重的缺点。"方法"和"结论"这样的文章通用的章节标题几乎没有提供关于文章内容的真正信息，这给阅读者和泛泛浏览的人设置了一个障碍。在下面这个节选自一个高等教育期刊的文章的提纲中，标题仅仅告诉了我们一点点关于研究主题的具体内容。

标题　　　　结构多样性、同行非正式互动与校园环境感知的关系

章节标题　　背景介绍

研究问题

研究方法

概念模型

数据来源

步骤措施

数据分析

研究结果

结构完全相同的文章的另一个缺点是，它们最终看起来和听起来基本上是相似的，从而给人一种潜意识的印象，即它们说的都是差不多的东西。令人担忧的是，总是按照一个模板制订计划、进行研究和写作的学者，同样也有按照一个模板进行思考的危险。

如果自然科学家或社会科学家想在文章中加入一点独特的结构特征，而不是让文章稳妥地建立在学科规范之中，混合结构就为他们提供了另一种选择。在混合结构的研究文章中，带传统标题（"导言""方法""结论"）的章节与带独特标题的章节["与利益格局相关的性别和发展问题"（心理学）、"在里奥格兰德河流域的前古典时期殖民地、制陶术和社会冲突"（人类学）、"东亚区域经济一体化中的法律纠纷"（法学）]比肩而行。下面是发表在一个计算机科学杂志上的一篇文章的提纲，它提供了一个比较典型的混合结构的例子。

标题　　　　使用顶点覆盖解答 #SAT

章节标题　　1. 导言

2. 有序递归的佩特里（Petri）网

2.1 定义

2.2 SRPN 的表达性

2.3 SRPN 分析

3. 递归的佩特里（Petri）网

3.1 定义

3.2 举例说明

3.3 RPNs 的表达性

3.4 RPNs 分析

4. 结语

　　请注意有两个主要部分（定义、表达、分析）采用了相同的排序和加上编号的表示结构层次的提纲（这在许多自然科学与工程学期刊上是一个强制性的特征）。本文的作者并没有试图以别出心裁的结构和独创新颖的章节标题来给读者留下深刻印象。

　　10 位讲究风格的学术写作者将传统的和混合的两种文章

结构加以改编来满足他们各自的需要，如心理学家鲍勃·埃特米耶（Bob Altemeyer）在一篇文章中提供了两个简短的"方法－结果－讨论（Method-Results-Discussion）"的研究；管理学研究者大卫·盖斯特（David Guest）和尼尔·康韦（Neil Conway）创建了一种基于五个"假设"的研究，其中每一个假设都在文章开始章节中予以解释，在"结果"章节中进行描述，并在"讨论"章节里进行深入分析。还有一些作者使用独特的章节小标题，使得以传统方式命名标题的主要章节更加生动有趣和富有个性（与其他领域相比，这是演化生物学领域中一个常见的策略）。与讲究风格相反，文章组织得漫不经心，以至于其结构将作者思维上的漏洞和错误暴露无遗。举个例子，我的数据样本中有一篇来自高等教育领域的文章，其中一个章节有一个很好的标题——"发现和解释"。文章开篇写道："我们的分析揭示出塑造领导形象的 4 个重要方面：独立自主、亲缘关系、刚毅气概和职业精神。"因此，读者预期该章节将由 4 个小节组成，按以下顺序排列：

- 独立自主；
- 亲缘关系；
- 刚毅气概；
- 职业精神。

然而，当我们浏览整个章节时，发现作者将其分成了 5 个小节：

- 独立自主；
- 性别和男性气质；
- 职业精神；
- 刚毅气概；
- 亲缘关系。

不仅小节的排列顺序与开篇那句话让我们所产生的预期不一致，而且"刚毅气概"这一小节突然衍生出另一个有些重复的小节"性别和男性气质"。这种对结构细节——实为结构的基础——的关注不足和粗枝大叶，让读者感觉就像按照指示着"礼堂"的标识走，最后却走进了一个杂物间。更糟糕的是，结构上的不一致让我们怀疑作者分析的有效性，如同低劣的建筑技术怎么可能建成一栋密不漏水的大厦呢？

风格鉴赏

罗伯特·J. 康纳斯（Robert J. Connors）和 安德里亚·伦斯福德（Andrea Lunsford）

当我们一起进行这个出错的研究时，不知从什么时候开始，我们越来越不像我们曾梦想成为的穿着白大褂的研究人员，但越来越像我们称为凯特尔爸爸和凯特尔妈妈①的电影角色——一对儿心地善良的愚笨之人，他们努力去理解一个复杂得让人望而生畏的世界。作为古典修辞学、拟人修辞法、文字匠气化等诸如此类的写作手法的爱好者，以及文本互涉、文本娱乐、文本差异等理论观点的热心支持者，我们在此讲述了我们曾经的痛苦经历。

罗伯特·J.康纳斯教授和安德里亚·伦斯福德教授1988年发表了一篇题为《当前大学写作中格式错误的出现频率，或凯特尔爸爸和凯特尔妈妈做研究》（*Frequency of Formal Errors in Current College Writing, or Ma and Pa Kettle Do Research*）的文章，该文现在已经被视为经典文献。在这篇文章中，两位教授介绍了对作文指导老师如何评判学生作文

---

① 《乡下夫妻》（Ma and Pa Kettle）中的人物，该影片是由查尔斯·拉蒙特执导，玛约瑞·曼恩、珀西·基尔布莱德主演的美国喜剧片，于1949年上映。

中的格式错误这一问题所进行的一项大规模研究。文章幽默地讲述了两人为在研究范式上达成一致而进行的艰难尝试。他们对于在范式上达成一致抱有幼稚的想法和很高的热情，却没有实际的学科训练和经验。他们的写作风格大胆，正与他们的跨学科的胆识相一致。文章每一部分的标题都是成对的，用一个取自古典修辞学的严肃称谓，搭配一句对"凯特尔爸爸和凯特尔妈妈的研究"的无序进展的讽刺性总结。

- 前言：人物介绍。
- 绪论：凯特尔夫妇察觉到问题。
- 故事：凯特尔爸爸和凯特尔妈妈去图书馆。
- 确认Ⅰ：凯特尔夫妇迅速开始行动。
- 驳斥：凯特尔爸爸和凯特尔妈妈班门弄斧。
- 确认Ⅱ：凯特尔爸爸和凯特尔妈妈动身上路。
- 详述：凯特尔爸爸和凯特尔妈妈畏缩不前。
- 结语：凯特尔夫妇说"噢，没什么"。

在康纳斯和伦斯福德所在的学科，单一作者是一种规范性要求。他们的合作打破了他们所能想到的每一种风格和结构的边界，在他们的研究过程与成果中以戏谑的方式表达出来。

一篇按照传统结构构建的文章，如果支撑它的墙体不牢固，路标指示令人迷惑，那就不如一篇看似没有条理但实际上精心组织的文章更能带给读者满意的阅读体验，当然也更能有力地展现作者的写作技能。弗吉尼亚·伍尔芙（Virginia Woolf）曾有一个著名的描述，将她 1927 年出版的实验性小说《到灯塔去》（*To the Lighthouse*）描述为"由一条走廊连接的两个街区"，画出两个大的长方形代表小说的主要部分，在这两个长方形中，时间非常缓慢地移动，两部分由一条窄带连接，窄带代表"时间流逝"的部分，其间，岁月在眨眼间飞逝而过（参见图 11.1）。

图 11.1　弗吉尼亚·伍尔芙绘制的《到灯塔去》的结构示意图

伍尔芙的例子提醒我们，当作者偏离普遍的规范和期望时，结构就变得更重要，而不是更不重要。独特的和实验性的结构可以开辟新的途径来解决熟悉的问题，这是一种智力位移，类似于当我们穿越陌生的风景或进入一个墙壁呈不规则角度的房间时所感受到的物理位移。只有在指示牌引导明确和房间光线充足的情况下，读者才能从容不迫地采取这样的位移。

在一篇传统结构的学术文章中，章节标题的作用就像处于枢纽位置、整整齐齐地贴好标签的门道，引导我们从一个房间到下一个结构相似的房间。相比之下，在一篇结构独特的文章中，我们从来不甚明了我们将去往哪里，也不知道为什么，除非作者在文中有专门引导，使我们不至脱离正确的轨道。在一些人文学科的文章中，章节的标题感觉更像是任意插入的隔断墙，而不是建筑设计方案中紧密结合的组成部分。

标题　　　　戈达尔计数（Godard Counts）

章节标题　　1. 排序依据

　　　　　　2. 脏手活

　　　　　　3. 掰着手指数数，用你的双手思考

　　　　　　4. 本人的历史

　　　　　　5. 公众的审美

　　　　　　6. "题跋 1"

　　　　　　7. 生活的艺术

　　　　　　8. 风格的筹码

　　　　　　9. 完善和改造

举个例子，《戈达尔计数》（*Godard Counts*）这篇文章选自一本著名的文化研究期刊。这位作者错失了一个将他的双关语标题用作构建文章结构的绝佳机会：《戈达尔计数》（*Godard Counts*）不仅暗示电影导演让·吕克·戈达尔（Jean-Luc Godard）是非常重要的（"counts"的义项有"重要""计数"等），而且暗示他的美学与编号、排序和计数的比喻概念紧密相连。这篇文章的前三个章节标题（"排序依据""脏手活""掰着手数数，用你的双手思考"）呼应了这个双关语，但接下来作者却错误地丢掉了这个双关语，后面6个章节标题与文章标题或其他章节标题没有什么联系，而且标号数字所体现的顺序并没有在章节标题上反映出来。对于浏览这篇文章的读者来说，如果要寻找信息和方向，这些含义模糊、缺乏连贯性的章节标题对他没什么帮助，只会让其感到更加困惑。

当然，并非所有的人文学者都想为读者提供带有明确标记的入口和出口。有些人会设计一些有趣的章节题目，模仿游乐宫色彩鲜艳的大门，故意引诱读者进入魔镜宫或其他令人惊奇的场所。有些人则完全回避章节标题，采用更令人难以捉摸的结构技巧——逐步展开的论证、全景控制比喻——以吸引读者的注意力，例如，文学学者琳达·布罗基（Linda Brodkey）将她童年时阅读、写作和做针线活的记忆缝合在一篇文章中，题目是《写在斜裁线上》（*Writing on the Bias*），一语双关地展现纺织原料和文本之间的关系（bias 有"斜裁线""偏见"等义项）。彼得·埃尔博（Peter Elbow）颇具影响力的著作《有力的写作：掌握写作过程的技术》（*Writing with Power: Techniques for Mastering the Writing Process*）提出了许多有趣的运用传统结构的变体的建议，比如，杂糅性文章、对话性文章或批判创造性文章。另外，在一篇题为《形式的音乐》（*The Music of Form*）的文章中，埃尔博指出，虽然章节标题有助于读者快速获得文章的概览，但是对于线性的、有时限的、逐字逐句的阅读过程，仍然有一些值得注意的地方。

> 我并不是反对传统的组织技能的有用性，例如，它们可以提供指导的索引、绘制地图和陈述论文。它们可以非常有效地弥补文本资料因时间问题而产生的纠结或困扰。但是，传统的技巧并不是令读者感觉文章衔接连贯且条理清晰的唯一办法。

学术著作是学术界的豪宅，作者拥有在其中构建特色建筑的自由：楼梯和角楼、户外喷泉和装饰性建筑等东西是无法融入个人研究文章的受限空间的。有些作者围绕一个统一的主题或比喻构建整部著作，例如，文学学者罗伯特·波格·哈里森（Robert Pogue Harrison）在一本关于西方文学意象中的森林的书中，每章的标题都借用了森林的不同形式和用途，如"法律的阴影""怀旧的森林""居住"和"生态的有限性";有些作者注重读者的阅读体验,如古典学者大卫·乌兰西(David Ulansey)将一本关于古罗马帝国的神秘宗教仪式的著作构建成"一个慢慢揭晓的侦探故事,让故事一步一步地展开,一点一点地将零散的信息线索添加到这个谜案之中,直到最后,谜案的全貌才展露真容";还有的作者甚至把读者放入概念的迷宫中,故意设计陷阱让他们晕头转向,并从中获得乐趣。例如,认知科学家兼博学家道格拉斯·霍夫施塔特(Douglas Hofstadter)在著作《我是个怪圈》(*I Am a Strange Loop*)和《我是谁,或什么》(*The Mind's I*)中,突出了他本人论述的自我指涉的复杂性。诸如此类大胆的结构选择不仅对论著作者适用,也可供论文作者使用,只要他们具有必要的个人信心和制度性支持。与学术写作的任何其他方面一样,创作结构精彩的论著、文章或论文的关键所在既不是一味照搬的模仿复制,也不是任性妄为的混乱无序,而是一项经过深思熟虑的精湛技艺。

风格鉴赏

维多利亚·罗斯纳(Victoria Rosner)

《早安,午夜》(*Good Morning, Midnight*)

一书的开头部分描写了 20 世纪上半叶私人生
活方式的种种弊端。主人公萨莎·詹森（Sasha
Jensen）漂泊不定又举目无亲，时间在她劳而无果
地寻觅栖身之处中流逝。房间会跟她交谈，用有
所暗示的色调告诉她它们在说什么。萨莎后来警
告读者，她所检查的房间里有种潜藏的力量："永
远不要说出关于房间的真相，因为它会破坏一切，
连同破坏整个社会制度。"

现代主义研究协会图书奖奖励"对现代主义研究做出重
大贡献"的图书。在 2006 年获奖图书的颁奖词中，评选委
员幽默地说："被书的目录诱惑是一件稀罕事。"维多利亚·罗
斯纳的跨学科著作《现代主义与私人生活建筑》（*Modernism
and the Architecture of Private Life*），邀请我们漫步在"厨
房餐桌现代主义""门框""门槛""书房"和"内饰"等
一系列标题恰到好处、描写精彩绝妙的章节中，一起探索 20
世纪早期艺术、文学和思想中的室内设计。建筑学不仅为罗
斯纳提供了其著作的结构设计，而且还为其提供了一个能唤
起人们回忆并感同身受的隐喻宝库。

这本书提出，私人生活的空间是现代主义文

> 学的一个生成场所。这些空间构成了一种社会关
> 系的网络，这种关系不断地转换并悄然而逝，往
> 往将那些在其间横穿的个体绊倒。
>
> 罗斯纳的高度空间化词汇（空间、场所、网格、转换、
> 横穿）阐释了关于社会和自我的抽象概念。她的著作带领我
> 们从洗衣房来到图书馆，从壁橱间来到书房，再到许多其他
> 空间。

有益的尝试

➤ 如果你是一名科学家或社会学者，你就要事先决定，
你想让你的期刊文章的结构是传统的、混合的，还是独特的。

利与弊：传统的 IMRAD（即绪论、研究方法、研究结果
及讨论）结构鼓励科学上的严谨，但不鼓励独立思考；独特的
结构提倡创新，但也会有让读者迷失方向的风险；混合结构具
有灵活性，但有时会令人感到不伦不类。

➤ 试试使用隐喻、主题或一系列顺序步骤作为结构策略。

➤ 如果你以前从未偏离过 IMRAD 结构或类似结构，那

么可以考虑开发一种混合结构，或者至少采用一些独特的章节标题。可以从本学科或其他不同学科的期刊上寻找样板。

➤ 仅根据文章的章标题或节标题，列出你的文章或著述的大纲。这个大纲本身将你的作品内容传达得如何？你是否真正运用节标题来告知、吸引和引导你的读者，还是只不过是为了对文章或著述进行划分？

➤ 写一个段落提纲并对你的作品进行微调。第一，确定每个段落的主题句（即最清楚地陈述其总体论点的句子）；第二，将这些句子按编号排列。这个过程可以帮助你识别段落内部和段落之间的结构性缺陷，例如，一个没有清晰表述论点的段落，或者一个逻辑不清的段落。

第十二章　参考标准

引文方式与风格有什么关系？答曰：关系重大。

如何引用对写作会产生全局性影响，从参考文献形式的细枝末节，到我们如何回应和感谢他人的工作。学术论文的作者如果疏于注明应该注明的参考资料的出处，忽视把功劳归于应该归于的人，对作者和读者都不是一件好事。然而，同样需要注意的是，如果笨拙地放置带括号的插入式引文和冗长枯燥的脚注，一本书或一篇文章就会不堪重负，其可读性和吸引力就会大大降低，并最终在说服力上比不过一篇没有采用学术工具轻装上阵的文章。

许多评论者曾经指出，引文风格在增强人们对不同学科的认识上发挥着强大的作用。各种各样的方法论偏见潜藏在每一个学术文章的表面之下，当我们破坏诸如引文风格这样的规范性元素时，我们就会把那些没有明说的偏见暴露出来。

弗朗西丝·凯利（Frances Kelly）曾是一位文学学者，后来转型成一名教育研究者。当她第一次必须以美国心理学协会（the American Psychological Association）实行的 APA 风格而不是现代语言协会（the Modern Language Association）实行的 MLA 风格撰写论文时遇到了挑战，她回忆说：

> 当我试图详细阐述由一个协作的研究团队撰写的一篇文章，第一个真正的困难出现了……以下是我为一个高等教育会议撰写的第一篇论文草稿上抄下来的一句话："柯林斯（Collins）、伦德尔－肖特（Rendle-Short）、乔恩（Jowan）、柯诺（Curnow）和利迪可（Liddicoat）（2001 年）共同署名发表了这篇文章，文中向莫里斯（Morris）提出了一个类似的观点，呼吁一个新的研究生教育，将更广泛的图景纳入考虑。"……我的写作风格以及曾经的风格元素现在看起来显然非常笨拙。

凯利已经习惯了在引用时使用被引者的名字（这使他们个性化）、区分被引者的性别（在上下文中体现）、直接引用原文（将个人观点和经历优先于脱离实体的事实主张）。因此，凯利意识到，现在她正试图将"突出被引者"的思维强加给一种更倾向于"突出信息"的引文风格。她不仅要淡化学术写作者作为知识塑造者的作用，而且在引用书籍和文章时，她还不得不放弃引用书籍和文章的完整标题的习惯："这也许是我不得不对我的写作做出的最令人讨厌的改变，因为这打击了我所接受的学科训练的核心基础和我的使命感（甚至于我的身份）。"

在一些学者看来，特定的引文风格所规定的学科规范是学科训练的全部要点。在一篇面向本科生心理学课程的教师的文章中，心理学家罗伯特·马迪根（Robert Madigan）、苏珊·约翰逊（Susan Johnson）和帕特里夏·林顿（Patricia Linton）以赞许的口吻评论说，APA 风格"囊括了他们学科的核心价值观和认识论"。他们认为，通过对援用引文过程的掌握，心理学专业的学生学习到如何将一个"复杂的人类故事"改写成一个"对该研究加以净化和合理化的描述"；学习通过关注"实证的细节而非人物评论"，对其他研究人员的发现提出挑战；学习用"趋向于（tend）""暗示（suggest）""可能会（may）"等模糊词来缓和他们所做出的结论；学习通过改述其论点而不是直接引用原话来援引其他作者的观点；学习把语言看作一个"关于现象、数据和理论等信息的不那么重要的容器"，而不是把它看作一种复杂的媒介。这几位心理学家总结，学习 APA 风格的写作，"只会帮助学生明确心理学的学科规范，并有利于发展该学科特有的智力价值观。一个成功的学生不仅要学会像心理学家一样写作，而且要学会像心理学家一样思考"。

然而，其他一些学者对引文风格与知识授权之间的关系提出了更为谨慎和批判性的观点。修辞学家罗伯特·J. 康纳斯（Robert J. Connors）指出，插入式引文风格"将易读性和文体风格的问题的重要性降格到了第三级"，并将"指导"置于"愉悦"之上。诗人兼文学评论家查尔斯·伯恩斯坦（Charles Bernstein）也发出类似的警告，制度上的规定鼓励作者采用一种线性的、单一的、像穿上紧身衣一样加以束缚的文体风格，特点就是"框架锁定以及与之相似的音质干扰"。康纳斯证明了引文制度的花言巧语如何"默默地为西方知识活动事业提供支持"，而伯恩斯坦则对"一代又一代专业标准的传播者和紧身衣制造者"进行了严厉的批评，认为他们通过坚持"恪守适当的学术礼制"抑制了创造力。

在不适当的引文制度的约束下，学术写作者确实常常特别烦恼。我至今仍对自己曾经的挫折记忆犹新。几年前，拜一位固执的期刊编辑所赐——他拒绝更新他的过时的杂志风格，我不得不浪费宝贵的研究时间去搜寻《芝加哥风格手册》（*The Chicago Manual of Style*）的一个已经绝版的版本。然而，我从来没有听说过一个编辑要求作者在文章中添加更多更长的脚注，或者在已经超载的复杂句子中再加入一个插入式引文。尽管学者喜欢把自己风格上的缺点归咎于遵守规则的看门人，但引用是否得当的最终责任还在于他们自己。甚至，当作者在一个具体的出版物中无法选择应该运用哪种引用风格时，他们还是可以选择如何运用它。

风格鉴赏

彼得·古德里奇（Peter Goodrich）

> 事实上，什么是我们所需要的、真正缺失的，什么是科学所要求的、艺术所期望的，但被法学和经济学所忽视的，其实只是一个针对带星号注脚的引文索引。正是在这些索引里，你得到了真相。这些都是需要计数在内、进行等级排列、列入清单和制成表格的参考资料。这些都是同一群体的验证标记，是未经删改的隶属关系的标记、表明生活方式的简单说明性字条、动机以及施加影响的目的。（脚注摘录）

法律学者彼得·古德里奇把讽刺性脚注提升到了一个全新的水准。他的文章《讽刺性法律研究》（*Satirical Legal Studies*）有 601 个脚注。在第一个脚注中，他呼吁更严格地引用参考文献。像每一位优秀的讽刺作家一样，古德里奇将严肃的批评与幽默有机融合。借助有意为之的冗余词汇和言过其实的措辞，他不仅嘲笑了法律学者的迂腐，而且讽刺了庭审律师的夸张言辞。

古德里奇在他的文章中列举了许多法律讽刺的例子，其中包括一篇法律评论文章。他这篇120页的文章不仅展示了他对法律讽刺体裁的娴熟精通，更令人印象深刻的是，文章甚至描述了他对于这种诉讼范式和学术范式的细致入微的理解。

在本书中，为了与我的出版商的偏好保持一致，我遵循《芝加哥风格手册》规定的格式，采用了"芝加哥风格"的尾注。作为一名跨学科学者，我也经常用 MLA 风格和 APA 风格著述，我非常了解芝加哥风格的优点和缺点，它将所有的书目资料都放在尾注，正文中用数字标明加注之处。这样做的优点是，芝加哥风格的尾注逻辑性强且紧凑，扫除了文本中插入式注释的干扰，并且不再需要一个单独的"参考文献"部分，因为所有相关的书目信息都出现在注释中。尽管脚注会将我们的视线拉到每一页的底端，打断正文阅读的流畅性，但这种断续并不显著，因而不留痕迹：读者不必查阅尾注，除非他们想要。芝加哥风格的缺点，用建筑历史学家刘易斯·穆福德（Lewis

Mumford）的话来说，就是那些随处可见的丁点大的注释数字编号就像"带刺的铁丝网"在读者与文本之间竖起并维持着一个尖刺的距离。在一本希望获得更广泛读者的书中，尾注和脚注都有表现出学究式的自命不凡、装腔作势的风险——"让我告诉你我是多么博学"——而最糟糕的情况是表现出过度的、令人反感的说教："这篇文章太难了，你自己是看不懂的，让我给你解释解释。"

尤其是离题的长注释，会妨碍学术文本的陈述流畅性，作者的主要工作本来是把读者从 A 带到 B，而离题的长注释会把读者带到分岔的小道上。然而，并非所有的学者都同意最大限度地避免使用离题的注释，即便是在面向专家读者的学术文章中。劳蕾尔·理查森（Laurel Richardson）称赞离题的注释是安置"次要论点、新奇推测和相关观点的场地"；罗伯特·J.康纳斯称它们为"小街、小巷和胡同"，在此，作者离开"文本的商业大街"，转而追求颠覆性的论点和分析。这些不同的看法给了我们一个重要的提醒——风格终究还是个人品位的问题，一个读者的一杯毒药可能是另一个读者的一杯清茶。

确实，对于许多学者来说，脚注和尾注提供了草坪未经修剪的一角，在那里他们可以散开长发，发足狂奔。弗拉基米尔·纳博科夫（Vladimir Nabokov）在他的小说《微暗的火》（Pale Fire）里充分发挥了学术尾注的讽刺力，这篇小说表面上是小

说里虚构的诗人约翰·谢德（John Shade）所作的一首长诗的
注释版，但实际上它是一个自传兼神秘谋杀案，故事错综复杂，
离奇曲折的情节贯穿于长篇大论的注释之中，注释据称是由查
尔斯·金波特（Charles Kinbote，赞布拉国的查尔斯国王）撰
写的，他是死去的诗人以前的邻居。追随纳博科夫这一榜样，
心理学家迈克尔·科尔巴里斯（Michael Corballis）和哲学家
泰德·科恩（Ted Cohen）这样讲究风格的写作者都已经出版
了一些学术著作和文章，在严肃的注释中加入了离题的注释。

　　蝙蝠似乎并不是有意向其他蝙蝠发出猎物存
在的信号的，它们只不过是偶然地接收到来自猎
物的回声定位信号。这更确切地表明蝙蝠不具备
思维能力。很抱歉，让你等这么久才让你对蝙蝠
有所了解。

　　我对唐人街以及许多其他事物的理解很大程
度上归功于乔尔·斯奈德（Joel Snyder）。他是世
界上最健谈的我的同行之一，很难找到一个悟性
很高、判断力很强、充满同情心的朋友，但是很
幸运，我找到了。如果《唐人街》电影里的人物
有像他这样的朋友，这部电影就会有一个皆大欢

喜的结局，但这也将会是一部失败的电影。

　　法律期刊上所发表的文章的脚注经常爬上半页纸高或更高，这为讽刺作家提供了特别肥沃的土地，其中就有一位法学教授，他撰写的一篇关于"讽刺性的法律研究"的文章包含了601个脚注（见参"风格鉴赏：彼得·古德里奇"）；还有一群法律专业的学生，他们的一篇题为《内野高飞球规则的普通法起源》（*The Common Law Origins of the Infield Fly Rule*）的幽默文章居然给标题的第一个单词"The"也作了脚注。

风格鉴赏

托尼·格拉夫顿（Tony Grafton）

　　就像牙医钻牙时发出嘎嘎响的声音一样，历史学家文章页面上的脚注似乎也发出让人心安的低沉的隆隆声。脚注所产生的单调乏味，就像钻牙所造成的痛苦一样，不是随机的，而是有所指向的，这是现代科技带来益处的同时所造成的部分成本。

　　对于历史学家而言，撰写注释已经成为他们的第二天性，就像牙医已经习惯了制造痛苦和流血一样。历史学家可能不会注意到，他们常常突出了作者的名字、著作的题目、档案里文件夹的号码和未发表手稿的页码。

历史学家托尼·格拉夫顿将混搭了博学和幽默的风格用在他所论述的每一个话题上，无论这个话题看起来是多么无关紧要或平淡无奇。在他的《脚注趣史》（*The Footnote: A Curious History*）一书中，关于学者的论证在他们撰写的脚注中如何"大步向前或跟跄后退"，他提供了大量的例子，有些很严肃，有些很幽默。

· 就像破旧的讲台、玻璃瓶水壶、杂乱无章且有失准确的介绍，以及宣称某个特定人物的公开演讲值得倾听一样，脚注赋予了作者权威。

· 在外行看来，脚注就像深深的植物根系，坚实而固定，且一成不变；然而，对内行来说，脚注就像蚁丘之地，充满了建设性和竞争性的活动。

· 据推测，脚注上升至较高的社会地位是在

历史学和文献学（它的父母）最终联姻之后，那时
它才变得合法。

在潺潺流淌而出的隐喻、类比和拟人的修辞中，格拉
夫顿将脚注比作讲台和玻璃瓶水壶（学术权威寒酸的标志）、
植物根系和蚁丘（分别代表学术上的保守和过度活跃）以及
因父母结婚而社会地位得到提升的孩子。然而，他自己的脚
注——从简短的文献引文到德语或拉丁语的长篇大论——都
是体现学术的严肃性和规范性的典范。

格拉夫顿用一本书的篇幅对脚注作了精彩的研究，他指
出，脚注"在 18 世纪最为繁荣，在当时，它们除了给正文中
陈述的真实性提供支持，还对其加以讽刺性评论"。不幸的是，
在当今学术性著作和文章中的许多注释，既不能被称作讽刺性
评论，也不能被形容为华丽的具有修辞色彩的词藻。

正如格拉夫顿所感叹的那样，一些学究气十足的注释"不
像是一个为了更高的目的而发挥精确能力的专业人员所做的熟
练工作，而像是在漫不经心地炮制和处理废物。"

人文学科之外的研究者不像他们以艺术为基础的人文学
科同人，深受过度使用旁注带来的污水之苦。他们也不会放纵

地过度使用引文——这是人文学科学者的又一个怪癖。人文学科学者对其他作家准确措辞的敬意有时会令他们自己的句法陷入混乱之中。

> 正如莉莎·科迪（Lisa Cody）在谈到男性助产士这一"奇观"所说的那样，生育的迫切需要将生育从女性专业知识的专属领域中移除，并将其重新定位为男性和女性的"'普遍'和'公共'利益"范畴。（文学研究）

然而，与在人文学科领域更受偏爱的、基于注释的引文系统相比，自然科学家和社会科学家所青睐的插入式引文系统并没有为句法简明或文体简约提供更有效的保证。马迪根（Madigan）、约翰逊（Johnson）和林顿（Linton）认为，通过鼓励作者改述而不是引用，APA 的写作风格改善了"文章的流畅性和带给读者的感受"。然而，几乎没有人会说下面这个例子是"流畅的"。

> 与采用问卷调查和经验抽样方法进行的研究相反，采用情绪刺激的研究发现，患有精神分裂症的患者显示了正常的情感体验报告。因此，精

神分裂症患者和对照组参与者在情绪刺激体验的
自我报告评分中，报告了相似的情绪唤醒度和愉
悦度的变化规律 [例如，贝伦鲍姆（Berenbaum）
和奥尔特曼斯（Oltmanns），1992；克雷斯波 - 法
克罗（Crespo-Facorro）以及其他人，2001；柯
蒂斯（Curtis）、勒博（Lebow）、莱（Lake）、
卡特萨尼什（Katsanis）和亚科诺（Iacono），
1999；亨佩尔（Hempel）以及其他人，2005；克
林（Kring）、克尔（Kerr）、史密斯（Smith）
和尼尔（Neale），1993；克林（Kring）和尼尔
（Neale），1996；马修斯（Matthews）和巴克
（Barch），2004；莫伯格（Moberg）以及其他人，
2003；夸克（Quirk）、施特劳斯（Strauss）和斯
隆（Sloan），1998；鲁普（Rupp）以及其他人，
2005；施伦克（Schlenker）、科恩（Cohen）和霍
普曼（Hopmann），1995]。尽管一些研究显示，
在对正面和负面刺激的绝对体验程度方面，精神
分裂症患者和对照组参与者之间存在着差异 [克
雷斯波 - 法克罗（Crespo-Facorro）以及其他人，
2001；柯蒂斯（Curtis）以及其他人，1999；莫伯
格（Moberg）以及其他人，2003；普莱利（Plailly）、

205205
205205

205205205

205205
205205205205205

205205205205205205205
205205205205205205205

家斯蒂芬·K. 多诺万（Stephen K. Donovan）等人，都严厉地批评了这种学术恶习——引用文章、书籍以及整个多卷本时不标明具体页码，这种做法在自然科学和社会科学中普遍存在，但在人文学科中非常少见。大卫·亨尼格指出，这种倾向完全颠覆了此前人们看待学科的刻板印象，即"自然科学家有着怀疑的灵魂"，而人文学者"更为可信和宽容，更理解他们的同行容易犯错这一点"。

> 一方面对引文是否精确漠不关心，另一方面又谨慎小心地确保提交的论文在其他方面符合要求，这两者之间的断裂和脱节十分令人不安。因为，与其他因素（实验的严谨性、定量的准确性、逻辑的一致性、对参考文献列表的重视）不同，作者对引用持以谨慎态度被认为是理所当然的，但事实并非如此。

在对来自 10 个学科的文章的引文和脚注的普查中，我发现人类学家平均每篇论文引用了 75 个参考资料，而计算机科学家仅引用了 27 个参考资料，尽管这两个学科的文章常常有着相似的篇幅长度（参见第二章中的表 2.2）。同样地，在对 8 个学术领域的引用规范的分析中，社会语言学家肯·海兰德

（Ken Hyland）发现，社会学家平均每篇论文有104次参考资料引用，而物理学家平均每篇论文只引用25次。海兰德观察到，自然科学家通常使用"研究性动词"（显示、观察、形成）来引入引文，而哲学家则偏爱"解释性动词"（认为、相信、忽视）。更突出的一点是，对于许多研究人员来说，引用谁的文献与如何引用同样重要。海兰德的采访对象之一，一位社会学家解释道：

> 我与一个特定的阵营结为同盟，并且常常引用来自那个阵营的人的作品，一部分原因是我一直受到那些人的思想的影响，另一部分原因是我希望他们也会读我的作品，这就像是一种代码，显示了我在光谱上的位置，我所站的立场。

在另一项独立的研究中，海兰德发现，他所调查的论文（来自8个不同学科的240篇文章）中有70%都至少一次提到了作者自己的作品，尤其是自然科学家和工程师，经常自我引用来确立他们的学科可信性，并塑造一个清晰的研究形象。正如海兰德的研究所证实的那样，引用的方法与学科的规约和特性有着紧密的关系。这样做最糟糕的一点是，它们助长了肆无忌惮地利用名人效应抬高自己身价、进行自我推销和其他形式的知识分子的自我放纵，为学术上的狂妄自大提供了一个潜在的平台。然而，从最好的情况来看，引用的各种规范可以促进学术谦逊和慷慨，它们提醒研究人员禁止剽窃，承认自身知识上的欠缺，并肯定同行的贡献。

有益的尝试

➤ 如果你可以选择引用风格，请对你的选项仔细权衡。列出你所考虑的每一种风格的优缺点（例如，MLA 风格与芝加哥风格比较， APA 风格与哈佛风格比较），并根据你的侧重点和偏好作出明智的决定。

➤ 如果对于引用风格，你别无选择，那么在使用所要求的风格时，确定你自己的关键原则，以此来掌控局面。例如：

◎ 如果这种风格允许使用脚注或尾注，你想要你的注释是冗长而离题的还是简短且信息丰富的？你能证明你的选择是有道理的吗？（你所在领域的其他学者赞成哪种形式的注释并不是一个充分且令人信服的理由。）

◎ 如果你使用的是文内引用风格，如 MLA，那么你还需要脚注吗？（仅仅因为它们在你的学科领域里是符合传统的，并不一定就意味着它们是必需的；事实上，许多编辑都不鼓励离题的注释。）

◎ 你的引文源清单是作为一个完整详尽的参考文献，列出与你的研究主题相关的著作和文章，还是作为一个"引用文献"的一部分，只列出你在正文中实际提到的那些作品？（你对这个问题的回答无疑会受到学科惯例的影响，但没有必要受其束缚。）

➤ 只要有可能，你在最终出版著作或发表文章时计划用什么引文风格，在撰写之初就用这种引文风格。对于同行评议的文章，请采用你打算投稿的第一份期刊的内部风格。

➤ 大声朗读所有离题的注释和插入式引文。你能否将它们简化、润色、移入正文，或者放置在不那么碍眼的地方？

第十三章　概括力

　　如果你邀请一屋子的学者来描述文风优美的学术写作的特征，至少会有几位学者肯定这样回答：他们最欣赏的是那些"清楚地表达复杂思想"的作者。有的人可能会进一步阐述这个观点说，文风优美的学术写作者以清晰且简洁、清晰且优雅、清晰且引人入胜或清晰且令人信服的语言表达复杂的思想。其他人会提出一些不同的观点，认为优美的学术写作者表达复杂思想所使用的语言或帮助读者理解，或挑战读者的理解，或扩展读者的理解。尽管有着细微的差别，但所有这些阐述的核心为"文风优美的学术写作是难以达到的抽象、概括的艺术"，也就是说，文风优美的学术写作者应具备在小画布上画一幅全景图的能力，仅以概括性的寥寥数语就能描述出一个错综复杂的论点的轮廓。

　　颇为自相矛盾的是，最有效的学术性概要——我在本章中用这个词指代学术工作的任何总括性陈述，如基金申请书、文章概要或著作纲要——通常都是非常具体的，除了使用思想的语言，还使用感官的语言。例如，表演学者萨利·贝恩斯（Sally Banes）用感性词汇"臭味"来传达在西方戏剧中气味在实际意义上和象征意义上的重要性。

至少一个世纪以来，在西方文化中，浓烈的气味大多被认为是难闻的、需要消除的臭味。萨利·贝恩斯发现，表演艺术家正试图将嗅觉恢复到戏剧体验中。她剖析了戏剧表演中"香气设计"的说辞和实践，并将气味视为有"现场感"的范例。

类似地，心理学家托马斯·卡纳汉（Thomas Carnahan）和山姆·麦克法兰（Sam McFarland）在对虐待行为背后的心理因素进行研究时，援引了真实的人和地点（学生、看守人员、阿布格莱布监狱）。

作者调查研究了有选择性地自愿参加监狱生活研究的学生是否具有与虐待行为有关的性情。组织者通过一条报纸广告招募学生参加一项关于监狱生活的心理学研究，这条广告和用于"斯坦

福监狱实验（Stanford Prison Experiment）"的广
告或用于另一项心理学研究的广告几乎一样。参
与监狱生活心理学研究的志愿者在攻击性、独裁
主义、马基雅维利主义（Machiavellianism）、自
恋、社会支配倾向等和虐待有关的性情测试上的
得分明显较高，相反，在共情和利他行为的测试
上得分较低，而这两项品质与攻击性虐待呈逆相
关……此外，本文对阿布格莱布监狱（Abu Ghraib
Prison）美军看守人员的虐囚行为所作的解释的含
义也给予了讨论。

这两种截然不同的概要都清晰明了、直截了当、切中要害，
尽管它们都非常客观 ["萨利·贝恩斯（Sally Banes）发现""作
者调查研究了"]，并使用了被动句式的措辞（"浓烈的气味
大多被认为是……""……的含义也给予了讨论"），名词和
动词也挨得很近，因此我们准确地知道谁在做什么："表演艺
术家正试图""作者调查研究了""参与监狱生活心理学研究
的志愿者"。这两篇概要都使用了可能挑战非学术读者的词汇
（剖析、范例、马基雅维利主义），但作者绕开了那些需要
读者了解高度专业知识的、非常晦涩难懂、神秘难解、特定
学科的术语。

风格鉴赏

马尔科姆·库特哈德（Malcolm Coulthard）

　　40年来，语言学家一直在讨论个人习语及语言的独特性。这篇文章探讨了这两个概念能在多大程度上用以回答有关书面材料的原创作者的某些问题。例如，在人们开始怀疑两篇学生论文中的其中一篇涉嫌剽窃另一篇之前，它们的相似度可能是多少？本文考查了衡量文本相似度的两种方法：共享词汇的比例和共享短语的数量与长度，并从实际刑事法庭案件和学生剽窃事件中举例说明。文章的最后讨论了索兰（Solan）和逖尔斯玛（Tiersma）对这本书的贡献，并对美国法庭是否会接受这种司法鉴定的语言证据以及如何将其成功地呈现给外行的听众做了认真的思考。

语言学家马尔科姆·库特哈德在《作者身份识别、个人习语和语言独特性》（*Author Identification, Idiolect, and Linguistic Uniqueness*）一文的概要中，有意避开了与他同一领域的许多研究者所钟爱的复杂句法和专业词汇。除了有一些马马虎虎的标点符号之外，他的句子明白易懂且结构清晰，井井有条地列出了文章试图回答的各种问题，并为使用来自大学课堂和刑事法庭上的具体例子做了铺垫。这篇文章以一则轶事开篇，讲述了一名男子被指控犯谋杀罪，而所依据的有罪陈述后来被司法鉴定专家证明是警方伪造的。库特哈德恰当巧妙地将文章设计得像一个悬疑故事或法庭上的戏剧性场面：他没有在文章一开始就抛出他的论点，而是一直等到最后一段才发表他的结论。是的，他最后得出结论：个人习语和语言独特性（他在文章开头对这两个短语作了严谨的定义）这两个概念确实具有强大的说服力，为"高度自信地"回答作者身份识别的问题提供了依据。

试将上述例子与下面的概要进行比较，此概要出现在高等教育的一个核心研究期刊上。

高等教育的政策表明，与过去的情况相比，课程体系应该对经济学家的观点反应更加积极。虽然对如何开发更多与工作结合的课程已经提供了一些指导意见，但很少有人关注会议上课程开发问题的工作场所代表与学术代表之间的互动交流。因此，就其本身而论，当前的课程理论似乎存在着一定的漏洞。作者认为，利用科学社会学

和组织动力学研究中衍生的概念，可以对这种相
互作用进行富有成效的检验。这样的分析可能有
助于理解什么样的条件能够使互动卓有成效，这
或许可以开发出混合的课程体系以及两个群体都
可以使用的语言。

想必来自不同学科的学者可能都对这篇文章所讨论的话
题感兴趣。教师，尤其是职业指导领域的教师，如何与将最
终聘用他们学生的人就科目和课程设计的相关问题进行更富
有成效的对话呢？然而，作者并没有打算邀请这样的读者来
参与讨论。这篇概要枯燥乏味、赘言絮语、含糊其词，处处
可见无施事者的声称（"对如何开发更多与工作结合的课程
已经提供了一些指导意见"——由谁提供的？），语意模糊
策略（"似乎存在着""这或许可以"），以及在句法上逻
辑模糊的句子（"这样的分析可能有助于理解什么样的条件
能够使互动卓有成效，这或许可以开发出混合的课程体系以
及两个群体都可以使用的语言。"）。作者并没有将复杂的
思想表述得清晰明了、易于理解，而是采用了非常简单的方
法并将其加工改编成一篇条理不清、主题不明的文章，就像
一个扭成麻花状的咸脆饼干。

论文摘要的目的不仅是对一篇文章的内容进行总结，而

且是说服本学科的同行相信这项研究非常重要，因此这篇文章值得一读。在上面所引用的高等教育学论文摘要中，作者提出了很多业内举措，包括习惯性地声称自己的文章将填补现有学术的一个"空白"，就像一个拇指巧妙地插入一个有漏洞的堤坝一样。然而，这个摘要缺乏说服力——这并非与遵守学科的常规无关，而正是因为遵守了学科的常规。说服的艺术必然涉及与人的交谈。实际上，《牛津英语词典》将"说服"一词定义为"向一个人论述观点或提出呼吁以劝导其达成合作、协议或服从"。那些采用客观冷静的"学术"口吻的作者忽视了追求优美文风的作者所使用的最强大的说服工具之一：人情味。

在社会科学和人文学科领域，如果研究对象是人，研究人员可以通过让他们发声和出场，吸引读者关注他们的论点，例如巴恩斯讨论的表演艺术家，或参与卡纳汉和麦克法兰的心理学实验的学生们；如果研究的是非人类对象，科学家可以用其他方式让他们的研究易于被读者理解，如使用第一人称代词（"我们研究了"）来表现研究人员在研究工作中的存在感。

所有将硬壳猎物从空中抛下取食的鸟类都面临一种权衡。冲撞猎物而导致的伤害很可能会随

着下落高度的增加而增加，因为这将影响猎物撞
击地面的速度，从而影响它在撞击过程中所消耗
的能量。无论如何，飞行耗用的时间和能量成本
也随着降落高度的增加而增加。如果一只鸟不止
一次地冲击一只猎物，那么在着陆、找回猎物和
再次起飞的过程中，会产生额外的时间和能量消
耗。因此，本文的主要目的是检测鸟类所做的这
种权衡如何影响鸟类放弃硬壳猎物的决定。我们
用两种方法来研究这个问题。

上面这段文字摘自《高飞的经济学：海鸥把鸟蛤从高空
抛下而使其磕开的决策》（*The Economics of Getting High:
Decisions Made by Common Gulls Dropping Their Cockles to
Open Them*）一文。请注意，作者在文章中采用了多种方法
来吸引读者和传达知识。首先，他们明确地界定了促使他们
进行研究的这个问题："所有将硬壳猎物从空中抛下取食的
鸟类都面临一种权衡"。他们用的全是具体名词、由动词驱
动的句子，栩栩如生地描述了飞翔的海鸥和被它们从高处抛
下的硬壳猎物。如果这篇文章驱使我们在读过摘要之后继续
阅读下去，那是因为作者不仅说明了他们所研究的现象，而
且解释了其本质。他们没有选用初级的概念，再用复杂的语

言把它们叙述出来，而是达到了文风优美的写作者的理想境界："清晰地表达复杂的思想"。

表 13.1 改编自高等教育研究者大卫·格林（David Green）所制作的一个图表，它提供了一种方法，可以将学术写作通常归属的各种不同的语言风格可视化。

表 13.1　　学术写作所用的语言分类

分类	简单概念	复杂概念
清晰简洁的语言		
晦涩难懂的语言		

虽然有些学者可能会徘徊在表 13.1 所列举的两种或更多种情况之间，例如，撰写了一个简单而清晰的概要，接下来的开始段落却复杂又难懂。这本书中引述的讲究风格的学术写作者大多趋向于右上角：用清晰简洁的语言传达复杂的思想。当然，在世界上确实有用简单的语言传达简单思想的情况（例如，小学课本或政府发行的选举投票指南手册）。诸如文学研究和哲学等不同领域的学者可能会主张用厚重、华丽、发人深思的语言来表达复杂思想，从而使文章更具有教育意义和智识上的价值。但是，又有谁能为"用晦涩难懂的语言表达简单易懂的思想"进行辩护呢？大卫·格林的表格为评估其他学者的著述以及诚实地评估自己的文章提供了一个有用的参考。

风格鉴赏

斯蒂芬·K.多诺万（Stephen K. Donovan）

　　各个大学和其他科研机构的图书馆都藏有大量丰富的学术期刊，它们以各种尺寸、厚度、语言和格式出版，其封面也变化无穷，由黑色到炫目的五光十色，且内容涵盖了所有你能想到的主题。格式的更加统一化对于作者十分有利，在提交最新的稿件时，作者将不再需要根据不同的出版社而调整风格，但当前格式的多样性是以读者为目标的。唯愿这种多样性的风格能长此以往。

　　上面这段话来自古生物学家斯蒂芬·K.多诺万发表在《学术出版期刊》（*Journal of Scholarly Publishing*）上的一篇文章，这段紧凑、有趣的三句话概要体现了科学家清晰明确的风格和文风优美的写作者的潇洒气质，可以说是这篇文章的一个引人入胜的悬念式先导广告。

　　在第一句话中，多诺万带领我们瞬间穿越到大学图书馆的实体空间，并引导我们想象将会在那里发现的东西：尺寸不一和厚度不等的学术期刊，其封面变化无穷，由"黑色到炫目的五光十色"。尽管这句开篇的话描述的画面非常具体，但还是传达了一个抽象的观点：多诺万暗示，期刊封面的多样化反映了它们覆盖的知识内容的多元性。

在第二句中，多诺万提出了他的文章将要充分探讨的矛盾冲突：格式的统一化有利于作者，而格式的多样性有益于读者。在此概要的最后一句，他直言不讳地宣布自己支持格式多样性的阵营。一个缺乏自信的作者可能会编撰一句冗长费解的论文句子："这篇文章分析了作者范式和读者范式两种对立的主张，得出结论认为，所用材料和知识论上的多样性对于读者的利益应该优先于文体标准化所提供的作者的便利。"而多诺万则在结束时仅用了一句话来总结他的观点，即应该捍卫多样性："唯愿这种多样性的风格能长此以往"。

诚然，把一个复杂的研究项目浓缩成一个精练的概要并不是一项简单的工作。一个更大的挑战是要把这个概要浓缩为如同一个"电梯游说"般的简短文字介绍：在一次学术会议上，同乘电梯时同行问你"在研究什么？"时，你能用来回答的看似随口而出实则精心准备的一句话总结。你需要在电梯到达目的地楼层之前的一两分钟内做出回应。讲究风格的学术写作者经常在学术性著述或文章的开头提供一个"电梯游说"，作为吸引读者注意力并激发他们继续阅读的方式：

> 这是一本关于情节和策划的书，讲述了故事的设计如何以富有意味的形式进行前后顺序的安排，以及我们为什么希望和需要这样的排序。
>
> 这本书讲述了心理创伤对不同的个人和整体文化或国家的影响，并且分享和解释了这种心理创伤影响的必要性。
>
> 正如我在这本书中所试图展示的那样，人类语言具有复杂性和创造性，这是任何其他动物的交流形式所无法匹敌的，而且两者可能依赖于完全不同的原则。

请注意，上面的每个开篇陈述都不仅描述了著述的主题，还提出了论证；不仅讲了是什么，还讲了为什么。文学学者彼得·布鲁克斯（Peter Brooks）许诺说要解释我们为什么讲故事；文化理论家 E. 安·卡普兰（E. Ann Kaplan）研究了为什么我们觉得有必要通过文学和艺术的形式来分享和解释造成心理创伤的事件；心理语言学家迈克尔·科尔巴里斯（Michael Corballis）探讨了人类语言为什么会进化得如此复杂和富有创造力。

风格鉴赏

乔纳森·卡尔勒（Jonathan Culler）

　　为在伦敦大学召开的关于"哲学风格"的会议做准备，我开始着手研究"哲学风格"这个主题。组织者建议我提出这样的问题：一篇哲学文章写得不好是怎么回事？毫无疑问，我认为作为法国哲学家的读者，我对这个问题会有特别专业的见解，或者说至少有很多相关的经验。事实上，我很高兴研究这个问题，因为我最近对英语哲学界提出的关于"糟糕的写作"的说法很感兴趣。《哲学与文学》（*Philosophy and Literature*）杂志过去几年连续宣布一个"糟糕写作奖（Bad Writing Award）"。由于这个奖项最近授予了朱迪思·巴特勒（Judith Butler）在我担任编辑期间发表在《辩证批评》（*Diacritics*）杂志上的文章中的一句话，我个人对哲学领域里的糟糕写作的概念和选择标准也饶有兴趣。

文学学者乔纳森·卡尔勒是一个自相矛盾的人：他既是一个"晦涩难懂的"文章的辩护者，又是一个文风绝对清晰简明的写作者。上面是他的文章《糟糕的写作与优秀的哲学》（*Bad Writing and Good Philosophy*）的开头第一段话。在这里，他通过表明自己在"糟糕的写作"这个主题上的个人兴趣和专业上的利害关系来获得读者的注意和同情。接下来，他用文化理论家朱迪思·巴特勒（Judith Butler）的 93 个英语单词的获奖句子为我们提供了一个扩展的解释，该句子包含 28 个抽象名词，但除了"结构""结构的整体"，没有任何具体的语言。卡尔勒宽宏大量地总结说，巴特勒的句子实际上是"教学性很强的写作。其各个要点都得以改述和重复，如果你第一次没有领悟，当它们再次出现的时候，你还有另一个机会。"在卡尔勒生动的措辞中，巴特勒让人迷惑的句子变成了一个旋转木马，还带着一枚金戒指，伸向那些坚持不懈的读者。

一篇有效的"电梯游说"（或有说服力的概要、文章或著述）的秘密要素是一个强有力的论点或论据。这两个词在新生作文课堂上会经常听到，但在研究实验室却鲜有听说。然而，这两个场所适用完全相同的原则：提出大胆、合理论断的写作者远比那些给出让人难以表达异议的平淡无奇的事实陈述的写作者更有可能写出引人入胜、颇具说服力的文章。在自然科学和社会科学中，一个强有力的论点自然是从一个有说服力的研究问题中得出的，例如，行为主义者提出"海鸥在把鸟蛤摔到下面的岩石上时如何解决高度与力量的问题"。一个复杂的论证总能被归纳为一个简单的句子，一些学者可能会抵制这一观点，他们会像诗人兼文学评论家查尔斯·伯恩斯坦（Charles Bernstein）一样，甚至可能谴责学术环境中的"认识论实证主义"，认为"一个人的著述应该很容易进行总结、给出定义、加以包装、改进完善、消除障碍和矛盾、删除离题枝节"，而且在这样的学术环境中，"论文不得违反文体规范，因为这可能会危害我们年轻学者的前途"。但值得注意的是，甚至伯恩斯坦对学术上的因循守旧（包括大量的障碍、矛盾和对其自身的偏离）的激烈反对也可以用一句很具说服力的、"电梯游说"式的论点陈述进行概括总结：伯恩斯坦认为，现行普遍的文章风格惯例抑制学术探究并且扼杀创新。

对于文风优美的学术写作者来说，清晰性和复杂性是伴侣，而不是对手。演化生物学家理查德·道金斯（Richard Dawkins）担任牛津大学公众理解科学专业教授十多年，他为科学家提出了这样的建议：

> 不要以居高临下的口吻讲话；试着用科学的诗意来启发每个读者，让你的文章在做到客观的前提下，尽可能地易于理解，但是同时，也不要

忽视困难；把更多的工夫用在给准备以相同的精

力去理解文章的那些读者做解释上。

道金斯的准则可以被任何领域的学者所采用。掌握了提取
概念的艺术——清晰地表达复杂思想的能力——的研究人员，
不仅能启发和说服非专业的读者，而且能成功地启发和说服本
学科领域的同行。

有益的尝试

➢ 用大卫・格林的表格评估你特别欣赏或特别反感的学
术文章的例子（对于"清晰简洁"和"晦涩难懂"，你可以用
"易读的""难读的"代替，或你认为有帮助的任何一对意思
相反的形容词）。你很可能会发现，占据"复杂但清晰简洁"
格子的是和你同一领域里最优秀的那些写作者，反之，那些你
觉得难以理解的著述的写作者都在使用颇为费解的语言来表达
复杂的概念，更糟糕的是，他们把简单的思想搞得模糊不清、
晦涩难懂。诚实地问问自己：你自己的著述属于哪一格？

➢ 用简单的、对话风格的语言回答以下问题，不要使用
学科术语：

◎ 你的文章、论文或著述的主要观点是什么？（它对你或其他人为什么重要？）

◎ 你的目标读者是谁？

◎ 你试图回答什么研究问题？

◎ 你的研究对理论有什么新的贡献？对实践有什么新的贡献？

◎ 你的首要论点或论据是什么？

◎ 你提供什么证据来支持你的首要论点或论据？

在你构思概括性陈述时，充分思考对上述各种问题的回应，你的概括性陈述即使不能回答上面的所有问题，也应该能够回答大多数问题，尤其是第一个问题（你的文章、论文或著述的主要观点是什么？）。

➤ 确保你的概要包含下述特点：

◎ 句子结构紧凑合理、逻辑清晰，句中的名词和它们所限定修饰的动词紧密相连；

◎ 至少有几个具体的名词和（或）动词；

◎ 富有人情味，例如，第一人称代词（我/我们）、真实的人（接受实验研究的对象或其他研究人员），或把抽象思想置于人类经验的基础上予以表述的语言；

◎ 可争论的论点或论证。

➢ 将你写好的概要给几个值得信赖的朋友或同事看看，他们有的和你同在一个学科，有的来自其他学科。请他们对以下问题给你一个直言不讳的回答：

◎ 你是否明白我的研究是关于什么的，以及它为什么很重要？

◎ 我写的这篇概要是否让你愿意继续读下去？

第十四章　一分创意

以一个十几岁的淘气女孩为例，给她穿上一件紧身连衣裙，戴一双长及手肘的手套，在她手里塞一个烟斗，但她看起来仍然不会完全像奥黛丽·赫本（Audrey Hepburn）一样。有些风格元素无法定义，或者说不可复制，无论我们如何努力尝试，正如小说家薇拉·凯瑟（Willa Cather）所说：

> 一个一流作家的品质不能被定义，而只能被感受；正是他身上的这种摆脱了被分析和定义的东西使他成为一流的作家；我们可以一一列举一个作家与其他作家共有的所有品质，但真正使他成为一流作家的东西，即他的特质，是不能被定义的，就像一个优美动听的说话声音的音质一样不能被定义。

尽管如此，本章仍然会探讨优美的学术写作中那些令人难以捉摸、妙不可言的特质：令某些作家出类拔萃的特质集群，包括富有激情、倾情投入、乐在其中、活泼有趣、诙谐幽默、典雅讲究、抒情奔放、新颖别致、想象丰富、创造精神和"不受束缚的思维"等——这些特质很容易被识别（也许是因为它们很少出现在学术著述中），却很难被定义或模仿。

风格鉴赏

克里斯托弗·格雷（Christopher Grey），阿曼达·辛克莱（Amanda Sinclair）

演讲者开始发言，他的主题是"真理的管理制度"，一个我非常感兴趣的主题。我们在里面待了5分钟，然后我就开始感觉糊里糊涂的——福柯（Foucault）和德里达（Derrida）因为观念陈旧已被拒绝考虑；德勒兹（Deleuze），我没有注意，不确定他是否受欢迎；哈尔特（Hardt）和内格里（Negri）有希望，却带有本质主义的"倾向"——这更像一场字面意义上的真理制度的审判秀，被告被下了迷药，一直在麻醉中，证人指定了脚本，遵令而行……现在演讲者的话越说越快，因为会

> 议主席已经提醒他剩余的时间不多了，但我注意
> 到，演讲者才讲到他的第一张幻灯片，并且可能
> 还有8张幻灯片待讲。这个讲话的重点是什么？
> 我不知道演讲者到底想说什么？但是后来我意识
> 到这位演讲者说什么了，他是在说他所阅读的书
> 远远地超过了其他人。

上面这段话来自克里斯托弗·格雷（剑桥大学组织理论教授）和阿曼达·辛克莱（墨尔本商学院管理学教授）的一篇文章。在文章中，两位作者对主导了他们所在学科的"浮夸、晦涩"的文风进行了辛辣且令人捧腹的批评，并呼吁在批判性管理研究领域的同事以不同的方式写作。而且，他们展示了如何能够做到这一点。通过巧妙地糅合讽刺、辩论、个人反思和幻想，他们的文章《改变写作方式》（*Writing Differently*）表达了他们的审美观、价值观和对"自以为是、故弄玄虚"的文风的担忧。两位作者都承认以创新的方式写作会有风险，尤其对于处于比较边缘化位置或刚刚开始职业生涯的学者。但是他们坚持认为，努力尝试创新的写作方式非常重要：

> 我们希望写作被认真对待，将它作为一种有

> 感染力的、令人回味的表演，使它能够改变人们
> 对世界的体验，而不是作为一条支离破碎的、常
> 规化、职业化的"出版"道路。

富有激情和倾情投入是学术写作者经常赞扬的别人作品中的风格特征，但在他们自己的作品中这种风格经常受到压抑。大多数学者愿意将自己描述为富有激情、忠于职守的研究者；他们热爱工作，并带着一种强烈的个人参与意识从事工作。许多人非常渴望为改变世界发挥重要作用，无论是通过找到治愈致命疾病的医疗方法、扩大我们对自然和文化现象的认识理解，还是改变人们的思维方式。然而，同样是这些研究者，他们已经被训练得将所有的情感从他们的写作中含蓄地或明确地分离出去。如果他们用其感受到的激情中的哪怕一点点来丰富他们的文章，情况又会如何呢？

坦率地表露热情的写作最常见于乐于表达个人意见和团体观点的学科领域。例如，在一些领域，同性恋、女权主义和后殖民观点等一直以来鼓励学者将身份政治与他们的学术紧密结合起来。在一篇关于太平洋岛屿上的土著认识论的文章中，人类学家大卫·格杰奥（David Gegeo）直率而诚恳地承认，一位评论员对他的评论让他"有些猝不及防"，这位评论员认为，格杰奥的反殖民主义的学术在知识上已经过时了：

　　盎格鲁－欧洲学者的个人主义、不顾一切地
追求名利和地位的做法意味着，在发表了几篇关
于某个主题的文章或出版了一本书之后，该学者
就会转向其他领域……然而，越来越多的太平洋
岛屿学者的观点是，从社群主义的视角着手进行
研究，即所做的研究不仅应用于实践（旨在做出
积极的改变），而且坚定地扎根于原生的或本土
的认识论和方法论。

非常相似地，女权主义教育学者布朗温·戴维斯（Bronwyn
Davies）提供了一则个人轶事，以表达她对当代学术机构中的
新自由主义话语的批判性分析。

　　在我的学术生涯刚开始的时候，就提拔我从
助教到临时讲师一事，我的系主任支吾搪塞。等
了几个星期之后，我问他是否已经作出决定，然
而他告诉我，这是一个非常艰难的决定，因为在
他看来，女性应该留在服务性岗位上……我在这
里举这个例子不是要嘲笑他的陈旧且狭隘的思想，
而是要领悟人们的话语是如何控制影响我们自身
的——赋予我们存在的意义，塑造我们的欲望，

树立我们对正义的信念——而这些正是我们愿意
为之奉献的。

　　这些学者对他们的工作充满热情，不加掩饰，并不是以
一种草率的情绪化的方式，恰恰相反，他们在认识论范式中进
行研究，而他们的强烈情绪促使他们从理论上阐明、批判和系
统性地颠覆这些认识论范式。

　　然而，充满激情的文风绝不只是以第一人称写作的参与
政治的人文学者和社会学家的专利。任何领域的学者都可以通
过采用各种不同的修辞技巧来表达他们对主题的热情，不一
定非得包括个人特色。信息技术专家卡罗尔·戴蒙德（Carol
Diamond）和克莱·舍基（Clay Shirky）诚恳地请求卫生部门
的同事不要对计算机化带来的好处抱有"神奇的想法"，他们
利用重复、押韵和比喻的修辞手法，加大情感强度：

　　　　IT（信息技术）是一种工具，而不是目的；
　　成功与否不应以拥有计算机化订单输入系统的医
　　院数量或拥有电子个人健康记录的患者数量来衡
　　量；成功在于临床成果的改善，成功是每个人都
　　能在几天后而不是几十年后获悉哪些方法和治疗
　　手段有效，以及哪些无效。

与激情相伴而生的是快乐，研究人员有了新发现，作家写出精妙的句子，读者想出一个新思想或一个精彩的句子，或者最理想的情况，一个新思想隐藏在一个精彩的句子中，此时，他们都会体验到这种纯粹的、令人愉悦的感受。正如罗兰·巴特（Roland Barthes）在《文本的愉悦》（*The Pleasure of the Text*）中所说："如果我以愉悦的心情读这句话、这个故事或者这个词，那是因为它们是在愉悦中写出来的。"一些追求优美的写作风格的学者（巴特本人就是一个最好的例子）的作品传达出一种强烈的、几乎令人眩晕的愉悦感，只有最乖戾的读者才能不受它们影响，不被它们陶醉。认知科学家道格拉斯·霍夫施塔特（Douglas Hofstadter）在他的著作《哥德尔、艾舍尔、巴赫：集异璧之大成》（*Gödel, Escher, Bach: An Eternal Golden Braid*）中，以充满心智上的喜悦甚至敬畏的语言，表达了他对某些思想的热情和崇敬。

视觉意象是最显著和最难以描述的意识特性之一。我们如何在客厅外创造一个视觉形象？一条呼啸的山间小溪的形象？一个橘子的形象？更神秘的是，我们是如何在不知不觉中创造图像的，这些图像引导我们的思想，并赋予它们力量、色彩和深度。这些图像是从哪个商店买来的？是什

么魔力让我们得以把两三幅图像有机地结合在一
起，却几乎不去考虑我们应该怎么做？

同样地，数学家马丁·加德纳（Martin Gardner）以邀请
读者通过一个无知者的眼睛来看这个世界作为他的著作《灵巧
的宇宙》（*The Ambidextrous Universe*）的开头：

开始这本书的最好方法莫过于用类似于黑猩
猩的疑虑和好奇心，努力在镜子中看清你自己。

风格鉴赏

道格拉斯·霍夫施塔特（Douglas Hofstadter）

只有在排版阶段，这本书不同寻常的文体风
格特征才真正显现——有时是非常荒唐地玩弄文
字游戏，模仿音乐形式的新颖语言结构的混合，
热衷于各种类比，编造不同的故事（这些故事结
构本身就是他们所谈论的不同观点的例证），在
奇妙的场景中混合千奇百怪的人物。我写作的时
候，当然知道我的书将与其他相关主题的书截然
不同，而且我违反了很多传统的风格惯例。尽管

如此，我还是毫不在意地照旧这样做，因为我确信我所做的事情是必须做的，而且就其本质而言，它是正确的。

1973 年，28 岁的物理学博士生道格拉斯·霍夫施塔特开始撰写《哥德尔、艾舍尔、巴赫：集异璧之大成》一书的手稿，并于 1979 年出版了这部长达 777 页的专著。该书研究领域涉及赋格曲与卡农曲、逻辑与真理、几何学、递归、句法结构、意义的本质、禅宗佛教、悖论、大脑与思维、还原论与整体论、蚁群、概念与心理表征、翻译、计算机及其语言、脱氧核糖核酸、蛋白质、基因代码、人工智能学、创造力、意识与自由意志，以及艺术与音乐，该书获得了 1980 年普利策非小说奖，并已经被翻译成多种语言。霍夫施塔特为整本书亲自编排版式，书中充满了形形色色的举例、趣闻轶事、视觉图像、定理、证明、笑话、双关语和各种各样的"怪圈"。从其不落窠臼的章节和次分部分的标题、非同寻常的结构以及令人啼笑皆非的致谢辞来看，整本书——与霍夫施塔特随后对人工智能、翻译、递归语言和其他主题所进行的研究一样——就是创造性思维和学术上特立独行的一次操练。

如此高涨的热情并不能取悦每个人，一些学者甚至会觉得，要求他们像猴子一样进行思考的作家是在以居高临下的态度对待他们。尽管如此，对于大多数读者来说，一位学术写作者无所顾忌地追求通过语言和思想来给予和获得快乐，他们身上一定有一种不能抗拒的迷人魅力。

这种快乐可能会或可能不会通过幽默（引人发笑的趣事、机敏巧妙的双关语）和其他形式的娱乐性语言来表现。以幽默的方式来增添作品趣味性的、讲究风格的作家一般都是以一种轻松愉快的风格来表达他们的愉悦的。任何一位好老师都知道，幽默能多么及时、高效地激发课堂的活力，同时也知道，一个愚笨的笑话能多么轻而易举地适得其反、事与愿违。最好的幽默使我们的身体在朗朗笑声中充满活力，最拙劣的俏皮话却把作者自身的愚蠢暴露无遗。最安全的学术幽默也是最微妙的：带些嘲弄意味，妙语连珠地讽刺挖苦，突然话锋急转，令人出乎意料。

其次是优雅，一种可以与激情和幽默并存的风格特征，也许它可以靠一己之力取得成功。在时尚和设计领域，优雅意味着一种"形式和动作上的讲究气派，装饰上的有品位，精致的奢华"。在科学界，优雅与精确、简明和"巧妙的简约"相一致：一个优雅的解决方案，即在复杂的地形中绘制出最高效的线路示意图。人文学者经常把"优雅"这个词用作"写得好"的、定义不甚明确的同义词。更富有建设性地，《牛津英语词典》将文学上的优雅定义为"在词语的选择和排列上，趣味高雅而不失恰当正确，和谐融洽而不失简单朴素"。因此，一位优雅的作家会让我们觉得文章中的每个词都是最完美的选择。

在有些情况下，优雅本身表现为清晰和简明；在另一些情况下，它通过抒情的方式得以体现，即作者使用不加掩饰的、有表现力的语言来渲染一种强烈的热情和语言对心灵的震撼，这常常见于诗歌而不是学术文章中。摇曳着抒情风格的花朵在本身就是诗人的学者的作品中，绽放得最自由热烈，这些学者诸如文学学者塞琳娜·图西塔拉·马什（Selina Tusitala Marsh）、教育研究者辛西娅·迪拉德（Cynthia Dillard），他们二人都巧妙地将诗歌加入学术著述中。马什表示："从我自己的声音开始，这已经成为一种政治行为，因为我跨越了理论和创造力之间的界限。"然而，富有诗意的穿插片段几乎可以在所有学术领域的研究性出版物中发现，例如，生物学家朱利安·文森特（Julian Vincent）在一篇高度技术性的关于酚醛鞣制的文章中，生动有趣地大谈特谈甲壳虫的前翼化石——"在100万年或更久远的漂流沉积中，可以找到一些未受腐蚀的原始甲壳虫翅鞘的碎片"。又例如，科学历史学家约翰·海耳布朗在对中世纪教堂中的太阳观测台的非常朴素的描述中，添加了一个华丽的、散文式语言的段落。

在预定的时间里，来自天空的一道闪电照亮了一个特殊的地方，即使是普通人也会对此留下深刻的印象。当太阳像探照灯一样照射在洒满霞光的人行道上时，那些碰巧在圣彼得罗尼奥教堂（San Petronio）观光的游客原本计划在 5 分钟参观这个大教堂，此时他们却逗留了更长的时间，因为他们在此观看了一场他们对其目的和创作者一无所知的展览。

海耳布朗华丽的语言（来自天空的一道闪电、像探照灯一样的太阳、洒满霞光的人行道、流连忘返的观光客）不仅传达了他对文章主题的热情，还表达了他想把相同的欣喜和惊奇传达给读者的愿望。每一个词语，如同诗歌中的词汇，经过作者精心地挑选。

文森特和海耳布朗等追求风格的写作者从我们称为"创意写作"的文学模式中借用了许多语言技巧—谐音、头韵、拟声词。创新性研究除了需要勤奋工作和技能，还需要创造力、原创力与想象力，对此几乎不会有哪位学者持有异议。借用托马斯·爱迪生（Thomas Edison）对天才的著名描述："天才就是百分之一的灵感加百分之九十九的汗水。"然而，大多数学科领域的学者已经被训练成批判性思考者，而非创造性思考者，鲜有机会融合这两种模式。幸运的是，对于那些想要走出舒适区、尝试激发自身创造性的写作者来说，有很多资源和策略可供利用，有些是有趣好玩的，还有些是理性的以及自我反思性的。

"要有创意！"这当然不是一个随意就能遵循的命令。当"要有规范！"被以同样的音量喊出时，遵循"要有创意！"就更加艰难了。跨学科性——或者我们称之为"无学科的思考"——成为讲究风格的写作者的所有本领中最令人惊奇的品质。在为撰写本书开始做研究时我并没有想要寻找这一品质，但在研究过程中，我在深受同行赞赏的优美的学术写作者的著述中一再看到这一品质。演化生物学家理查德·道金斯（Richard Dawkins）引用一个关于无花果的文学讲座为他的著作《攀登不可能山峰》（*Clinmbing Mount Impossible*）开篇；心理学家罗伯特·斯特恩伯格（Robert Sternberg）以一个希腊神话作为他的《丘比特之箭：穿越时间的爱情历程》（*Cupid's Arrow : The Course of Love Through Time*）一书的引子；文化理论家玛乔丽·嘉伯（Marjorie Garber）的著作《学术的本能》（*Academic Instincts*）开篇讲的是关于"筋肉人"杰西·文图拉（Jesse Ventura）当选美国明尼苏达州州长的一则轶事；心理语言学家迈克尔·科尔巴里斯（Michael Corballis）在他的著作《从手到嘴：语言起源研究》（*Hand to Mouth: The Origins of Language*）的开头，引用了丹尼斯·格洛弗（Dennis

Glover）关于喜鹊的一首诗歌；人类学家露丝·贝哈（Ruth Behar）的《动情的观察者：伤心人类学》（*The Vulnerable Observer: Anthropology That Breaks Your Heart*）一书从对伊莎贝尔·阿连德（Isabel Allende）的一篇短篇小说进行沉思开始。这些讲究风格的写作者跨越学科的界限广泛地阅读且成果显著。同样重要的是，他们的著作内容涉猎广泛这一特点证明了他们还跨越学科的界限进行思考。在这里，"鸡"和"蛋"很难区分：这些作者阅读广泛是因为他们天生就对各种不同的学科感兴趣，还是因为他们阅读非常广泛，所以他们才进行跨学科思考？不管怎样，在他们的学术性著述中，随处可见文体上和概念上的灵活性。

讲究风格的学者不会仅仅为了炫耀他们的学识、胆识和技能而不按常规写作，他们的目的是以尽可能有效和吸引人的方式向读者传达思想和论点，即使这样做意味着公然违反学科规范。许多研究都记录了横向思维在创造性思维过程中的关键作用。开拓性的研究者会横向扩散思考，而不是始终沿着一条笔直的概念轨道缓慢而努力地前进。

有益的尝试

➢ "像蝴蝶一样阅读，像蜜蜂一样写作。"小说家菲利普·普尔曼（Philip Pullman）劝诫作家要广泛而贪婪地阅读，不必计较某本书或某篇文章对他们当前的研究是否有用。之后，你可以有意识地努力把你从外部阅读中获得的想法融入你的学术写作中。

➢ 自由式写作是彼得·埃尔博（Peter Elbow）等人提倡的一种写作技巧，它是一种快捷、简便易行的方法，会令你的创造性思想泉涌不已。

◎ 抓起一支笔和一张纸（我喜欢高质量的自来水笔和装订漂亮的笔记本，但是许多作家并不这么过于讲究），把自己安顿在一个不会被打扰的地方（公园长椅或咖啡馆都是很理想的地方，不过，一间关上门的办公室也可以让自己很好地工作），并下定决心在预定的时间内不中断地写作。

◎ 当你写作时，不要让你的笔离开纸，哪怕是几秒钟。你的目标是连续地写作，直到你预设的时间到了，写作中间并不停下来纠正错误，对于你刚才所写的东西，要从头至尾读一读，进一步润色。

◎ 你可能会感到情感上起伏不止，或不期而至的思想在你的脑海中涌动。无论发生什么，请继续写作。随后，你可以调整你的文字，使之成为连贯一致的语篇。这个过程（不是结果）是练习的重点。

自由式绘画、思维导图和语言头脑风暴（例如，对着录音机讲述，把所说的录制下来）为自由式写作提供视觉上和口头上的不同方法。

➤ 产生新想法和获得新观点的其他建议。

◎ 把你的研究中激发你的热情和快乐的所有方式一一列举出来。

◎ 把你的研究项目的有趣的一面、荒谬的一面甚至黑暗的一面写出来。

◎ 写一首关于你的研究的诗歌，一首关于你个人的学术奋斗的自白诗，或关于你的研究主题的一系列俳句诗，任何诗皆可。

◎ 从你自己的学科领域之外选择一个文本、一张图片或者一条新闻，例如，一个典故、一个历史小故事、一张漫画、一个科学现象或一段电影情节，并花10分钟时间自由写作，就你如何能把该项目合理并入你的研究的演示或出版物中，随意地写下浮现在脑海中的词句，不管它们之间的关联多么微弱、勉强。你能描述出怎样的联系呢？

◎ 随机选择一个写作对象，请求一位朋友、亲戚或小孩子写下它的名字，这个对象要是一个足以具体到你能很清楚地描述的东西：一只胖嘟嘟的达克斯猎狗、一支红色的郁金香。

花 10 分钟自由写作，就该对象与你的研究项目相似的方方面面随意地写下浮现在脑海中的词句。

◎ 画一张你的研究的素描图。

◎ 为你的研究做一张思维导图，从你的中心论题或研究问题开始，然后由此向外拓展你的研究思路。

◎ 将你的研究做颜色编码，例如，通过使用彩色高亮荧光笔，表明主题或思想之间的联系。

◎ 为你的研究提供一个新的视角，尝试戴着爱德华·德·博诺（Edward de Bono）的"六顶思考帽"来审视你的工作：白色帽子（事实和数据）、红色帽子（情绪与感觉）、黑色帽子（谨慎和细心）、黄色帽子（思辨的和积极的）、绿色帽子（创造性思维）和蓝色帽子（思维控制）。

➤ 请其他学科领域的同事推荐他们的领域里最优秀、最平易近人的作家的作品。当你阅读这些作品时，不仅要考虑其内容，还要思考其形式：这些作者采用了什么策略来吸引和提供信息给他们的读者？这些策略与你所在学科领域中常用的策略有什么不同？你能否发现任何值得借鉴的新技能？

后记

成为文风优美的写作者

　　学科的文体风格在不断地变化和发展：从今往后半个世纪，也许历史学家会欣然接受第一人称代词，而演化生物学家却将它们拒之门外。然而，一些优美的写作法则可以超越时间，保持永恒。在前言中，我着重提到，所有追求优美文风的学术写作者都坚持三个共同的理想：**思想传达**、**技巧**和**创新性**。思想传达意味着要尊重读者，技巧是对语言的尊重，创新性体现了对学术研究的尊重。最后，我想增加另外三个原则：**具体性**（concreteness）、**选择权**（choice）和**勇气**（courage）。具体性是一种语言技巧，选择权是一项智识上的权利，勇气是一种心态。汇总起来，这些原则提供了一个灵活的框架，不同学科背景的写作者可以在此基础上创作出丰富多样的语言和文本。

　　具体的语言是讲究文风的写作者的魔术子弹，是一种语言策略。它如此简单，又如此强大，以至于当我发现它在学术

写作手册中竟然鲜被提及的时候，我感到非常惊讶（在我的
100 种图书样本中，只有 27% 的高级指南提到具体的语言是一
种文风原则）。无论是在学术文章或著述的标题、总结陈述、
起始段落，还是在其他部分，仅仅几个视觉图像或具体的例子
（吸引感官、将观点锚定在物理空间的文字）就可以对抗大多
数读者遇到太多抽象概念时感到迷失方向的那种麻木感觉。本
书提到的所有文风优美的学术写作者无一不是自由地使用具体
语言的写作者，无论是为了吸引读者讲一个故事，还是生动形
象地解释理论概念。

　　然而，选择权这一原则意味着如果你不想使用具体的语
言，你就不必使用。贯穿整本书，我将文风优美的学术写作视
作一系列深思熟虑的选择决定：没有哪种选择在本质上是"正
确的"或"错误的"，但是，你做出的每个决定都将引起不同
的后果，并招致来自读者的不同反应。例如，如果你选择使用
技术性术语，这或许可为你博得来自自己学科分支的同行的良
好口碑，但是，这也可能危及你获得一个学校范围的委员会或
多学科组织提供的研究资金的机会。哪个对你更重要呢？你能
否裁剪出两篇不同的文章，以迎合两种不同的读者？或者更有
追求一点，你能否刻意发展出一种写作风格，可以用来取悦并
打动这两种读者？文风优美的学术写作者不断地尝试教育学研
究者唐纳德·绍恩（Donald Schon）所说的反思性实践。换言

之，他们自觉地监控自己的方法、原则和选择，同时，根据经验、反馈和其他形式的学习，对自己的工作方法不断加以调整。

当然，一个人做出改变写作风格的决定需要勇气，尤其对于研究事业尚未完全确立的学者而言。我听到过一些博士生哀叹："我的学位论文导师不可能允许我使用第一人称代词或比喻。"一位资历尚浅的同事最近跟我坦诚地说："我很想在我的下一篇文章中尝试一种更具实验性的结构，但我只有在获得终身教授职位之后，才敢冒这样的风险。"然而，为什么总是假定最坏的结果而不是最好的呢？如果你没有试一试的话，你怎么知道你注定要失败？我所认识的成功的学术研究者，几乎人人都能讲出自己开始被拒绝（"审稿编辑非常排斥我的文章！"）但最终成功（"于是我又把它送到不同的杂志社，最终赢得该年度最佳的文章奖项"）的故事。而且，甚至读博士学位的学生也并不像他们认为的那样自己总是非常无能为力。"这是某某写的一篇文章，她是我的专业领域里一位非常杰出的研究员，我很钦佩她建构文章的方式，并且我希望尝试用类似的方式写我的文献综述。你觉得如何？"只有思想异乎寻常地保守且又专制的导师会拒绝学生尝试改变写作风格。

所以，在结束本书时，我劝勉新老学者：通过坚持不懈地强化你的写作来强化和拓展你的思想；不要惧怕尝试新事物；请务必记住，哪怕是十分微小的改变也可以产生明显不同的结果；对你十分欣赏的同行的文章加以分析，并找到一个或两个新的文体技巧进行尝试。他们的文章或著述是如何抓住并持久保有你的注意力的？他们是如何构建一个句子或一段话的？他们是如何解释一个复杂概念以及讲述他们的研究经历并向同行致谢的？

　　教育学研究者欧内斯特·博耶（Ernest Boyer）在他颇具影响力的《再思学术》（*Scholarship Reconsidered*）一书中提到："教授的工作只有被他人理解，才会变得重要。"如果你在自己的学术研究中，下决心去模仿你认为很重要的学术作品——吸引、打动、启迪人的作品——那么，你就已经走在了成为一个文风更为优美的写作者的路上。